よりよいコミュニケーションのための

聞こえの
ワークブック

［普及版］

はじめに

　よりよいコミュニケーションのための聞こえのワークブックは聞こえにくさをもった方々と常に一緒におられる方へ向けて、作りました。こどもさんから高齢者まで広い層を対象としています。聞こえにくさは補聴器や人工内耳などで聞こえやすくすることで解決されると一般的に考えられています。しかし、実際はそうではありません。聞こえにくさは一人一人異なっており、その方に適した方法を探していかないといけません。しかし、本人の努力だけで解決しないことの方がむしろ多いのではないかと思います。2000年にWHOで採択された国際機能分類は、障害をもった方とそうでない方の共生社会をうたっています。共生社会とは障害をもった方が暮らしやすい社会のことです。日本も障害者権利条約を批准し、共生社会を作ることを国の方針としています。障害者の生活に影響する背景因子として個人要因があると考えられています。障害に対する個人の技量の向上を目指して、セルフアドボカシーという考え方が提唱されています。セルフアドボカシーとは障害のある当事者が、必要なサポートを獲得するために自分で周囲と交渉、同意に至る技術のことです。これには、障害者の義務と権利を知っており、また、自分自身の障害を説明、どういう社会支援があるかを知ることが必要となります。聞こえにくいとどうしても引っ込み思案になりがちです。聞こえにくい方々がこのセルフアドボカシーという技術を身につけ、聞こえにくいことが劣ったことでないと考え、常に自尊心をもって対応できることが、その方の生き方を変えることにつながります。本書では本人および近くの方がどのように聞こえにくいか、それにはどのような対応が適しているかを書き込め、一緒に学べるようにワークブック形式としました。この本がお役にたてて、積極的に生活を楽しめるきっかけになれば幸いです。

九州大学大学院医学研究院
耳鼻咽喉科学分野

教授　中川　尚志

目　次

1章　難聴の基礎知識

2章　補聴についての基礎知識

3章　代替手段に関する基礎知識

目　次

4章　環境調整

5章　コミュニケーションについて

1章

難聴の
基礎知識

STEP 1

1章【難聴の基礎知識】
難聴について

▶ 耳の仕組み

1. 耳介/外耳道
空気の振動を集める。

2. 鼓膜
空気の振動を
キャッチする。

3. 耳小骨
振動を増幅する。

4. 蝸牛
蝸牛の中のリンパ液が振動することで音を伝える。

5. 有毛細胞
リンパ液の振動により「有毛細胞」が刺激を受けて、その刺激を電気信号に変える。

6. 蝸牛細胞
電気信号が、蝸牛の中の神経細胞から蝸牛神経を通って、脳に伝わる。

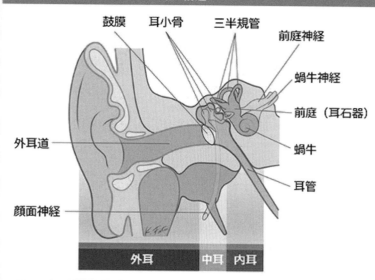

耳の構造

鼓膜　耳小骨　三半規管
前庭神経
蝸牛神経
前庭（耳石器）
外耳道
蝸牛
耳管
顔面神経
外耳　中耳　内耳

（画像は日本耳鼻咽喉科頭頸部外科学会HPより引用）

▶ 難聴の種類

1. 伝音難聴（外耳、中耳）

外耳や中耳に原因があり、音が伝わりにくい難聴。逆に言えば、音が十分に伝わりさえすれば、内耳や聴神経に問題はないためことばは聞き取れる。

2. 感音難聴（内耳、神経など）

感音難聴は"音を感じとる（分析する）"のが難しい難聴。振動としての音の伝わりには問題がないが、伝わってきたゴールである内耳、神経、脳になんらかの原因があり、音を聞く、ことばを聞き取ることが難しい。

3. 混合難聴

感音難聴と伝音難聴の両方が合併している難聴。

▶ 音の大きさと難聴の程度

聴力レベル（音の大きさ）

難聴の程度	dB	音の例
正常（0 – 25dB）	0dB	
	10dB	
	20dB	木のそよぎ
軽度難聴（25 – 40dB） 小さな声や騒音下での会話は困難。会議などでの聞き取り改善には補聴器が有用なこともある。	30dB	ささやき声
	40dB	
中等度難聴（40 – 70dB） 普通の大きさの声での会話が困難。補聴器の使用が有用。	50dB	ふつうの会話
	60dB	少し大きな声での会話
高度難聴（70 – 90dB） 非常に大きい声か、補聴器がないと聞こえない。 聞こえても会話の聞き取りには限界がある。	70dB	
	80dB	ピアノの音　電車内の騒音
重度難聴（90dB –） 補聴器でも聞き取れないことが多い。 人工内耳の装用を考慮。	90dB	耳元での大声　電話のベル
	100dB	
	110dB	自動車のクラクション
	120dB	飛行機のエンジン音

ささやき声

ふつうの会話

電車内の騒音

ピアノの音

耳元での大声

自動車のクラクション

1章 【難聴の基礎知識】
難聴の原因と遺伝子検査について

▶ 難聴の原因

先天性難聴の主な原因

遺伝性難聴
出生時に見つかる難聴の5割から7割が遺伝性で、難聴以外の症状を伴うこともある。

子宮内感染
サイトメガロウィルス、風疹などに子宮内で感染すると難聴になることがあり、先天性難聴の1割〜3割と言われている。

出生時の状態
低酸素、重度の黄疸、低出生体重児なども難聴と関係することがわかっている。

後天性難聴の主な原因

慢性中耳炎
中耳炎を慢性的に繰り返すことで起こる難聴。

感染症
おたふく風邪や細菌性髄膜炎などにかかると難聴になることがある。

若年発症型両側感音難聴
生後から40歳未満で発症する両側感音難聴で、高度難聴以上は難病に指定されている。一部は遺伝性であることがわかってきている。

耳の病気
耳硬化症、突発性難聴、耳の腫瘍など。

薬剤性
抗生剤など、一部の薬が難聴を起こすことがある。

外傷
頭部の怪我や、強大音に暴露される音響外傷など。

加齢
年齢以外に特に原因がないもの。

これらがよく知られている原因ですが、
原因がはっきりわからないこともあります。

▶遺伝子検査とは？

① 難聴は遺伝するの？

自分の難聴は子供に遺伝するのか？と気にされている方もいらっしゃるかもしれません。遺伝性難聴とは、遺伝子の突然変異や父親と母親からの遺伝子の組み合わせなどにより引き起こされる難聴です。人の遺伝子は3万種類ほどありますが、難聴に関係する遺伝子は100種類以上見つかっており、それらの遺伝子に変化を持っていると難聴になったり、なりやすかったりします。

家族や親戚に難聴の人はいないから、自分は遺伝性難聴ではないと思われる方もいるかもしれませんが、遺伝性難聴の方の75%は常染色体劣性（潜性）遺伝という形式の遺伝性難聴で、健聴のご両親から生まれた方です。

② 検査はどのくらい時間がかかるの？

遺伝子検査は多くの場合、通常の採血と同じように採取した血液から調べます。
結果が出るまでには数ヶ月かかります。先天性難聴や若年発症型両側感音難聴など、難聴のタイプによっては保険診療で遺伝子検査を受けられます。興味がある人は、かかりつけの先生に聞いてみるとよいでしょう。

▶遺伝子検査でわかること

遺伝子検査を受けて、難聴に関連する遺伝子に変化が見つかった場合、同じ遺伝子が原因の方たちのデータから、難聴の経過の予測、難聴以外の症状、治療法の選択、そして難聴の子供が生まれる確率などに関する情報を得ることができます。
例えば、次のような疑問に答えられることがあります。

Q.「私の難聴は将来進行するの？」

Q.「進行して重度難聴になった場合、人工内耳は効果があるの？」

Q.「難聴以外にも体のどこかに症状が出ることはある？」

Q.「子供ができた場合、
　　子供に難聴が遺伝する可能性はどれくらい？」

聴力図（オージオグラムとは？）

▶ 聴力図（オージオグラム）とは？

聴力図とは各周波数（それぞれの音の高さ）でどのくらい聞こえるのか、ヘッドホンをつけて検査（オージオメータ）した結果の図のこと。

▶ 聴力図の見方

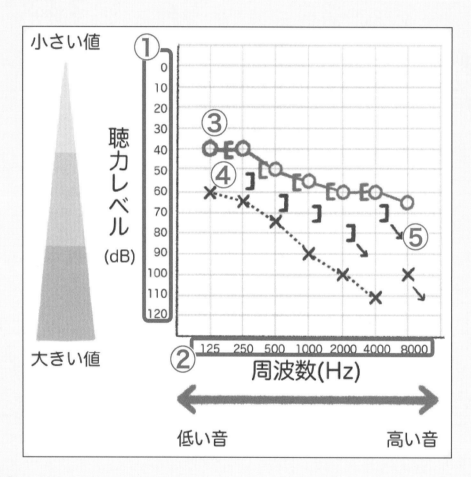

① 縦軸

音の大きさ（単位：dBデシベル）。
上に行くほど、小さな音でも聞こえる。
下に行くほど、大きい音でないと聞こえない。

② 横軸

音の高さ（単位：Hzヘルツ）。
125Hz〜8000Hzまで1オクターブずつ、7つの音の高さで検査をする。
検査の時の状況によっては、いくつかの高さだけを検査することもある。

③ 気導聴力

右耳は◯と ―― で、
左耳は✕と - - - で表す。

④ 骨導聴力

右耳は Γ で、左耳は ⌐ で表す。

⑤ スケールアウト

斜め下矢印(右 ↙　左 ↘)をつけて表す。
機械から出せる最大の音でも反応がないという意味。

⑥ 補聴聴力

塗りつぶした三角▲で表す。

▶ 気導と骨導の測り方は？

気導聴力		骨導聴力	
外耳〜中耳〜内耳までを通して聞いている音。聴力検査では、気導聴力はヘッドホンで測る。		外耳〜中耳は通らず、側頭骨から直接内耳に聞いている音のこと。聴力検査では、骨導端子を耳の後ろの骨に当てて測る。	

平均聴力とは？

人間の会話能力は500、1000、2000Hzの周波数と関係が深く、特に1000Hzを重視して4分法という方法で平均聴力を算出することが多いです。

求め方は、周波数500Hzの聴力レベル＝A(dBHL)、周波数1000Hzの聴力レベル＝B(dBHL)、周波数2000Hzの聴力レベル＝C(dBHL)として、

平均聴力レベル(dBHL)＝(A＋2B＋C)／4となります。

聴力図を実際に書いてみよう

📖ワーク

自分の聴力図を病院からもらって、見てみよう。

① 裸耳のオージオグラム・聴力図をかいてみよう

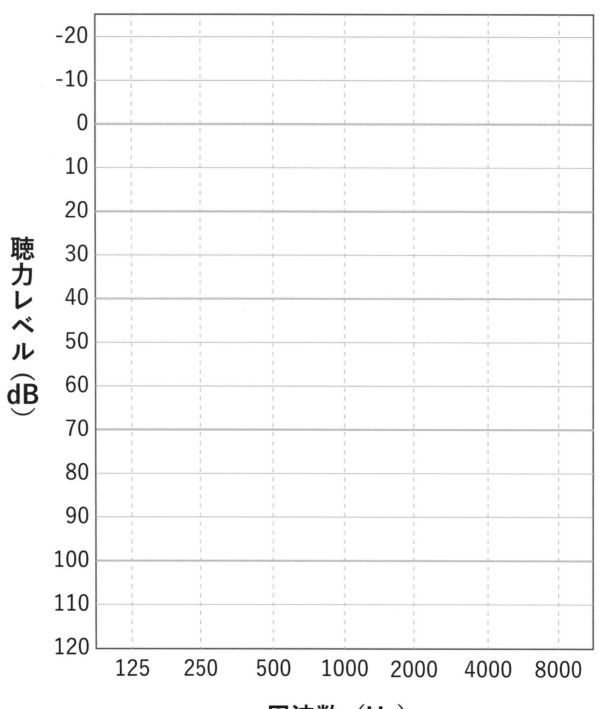

📖ワーク

自分の聴力図を病院からもらって、見てみよう。

② 平均聴力から難聴の程度を知ろう

よく使われている**4分法**で計算してみましょう。

周波数500Hzの聴力レベル＝A

周波数1000Hzの聴力レベル＝B

周波数2000Hzの聴力レベル＝C　として、

平均聴力レベル（dBHL）＝（A＋2B＋C）／4と計算します。

500Hz	1000Hz	2000Hz	自分の平均聴力
{(　　　)＋2×(　　　)＋(　　　)} ÷ 4 ＝ (　　　)			

- ■ 25−40 dB　なら 軽度難聴
- ■ 40−70 dB　なら 中等度難聴
- ■ 70−90 dB　なら 高度難聴
- ■ 90 dB〜　　なら 重度難聴

1章【難聴の基礎知識】
スピーチバナナとは？

▶ スピーチバナナとは？

低い音から高い音まで黄色くなっている範囲（バナナの形をした黄色い部分）で、世界で話されていることばの音をあらわしている。
スピーチバナナの入る範囲で補聴器などを調整することが大切。

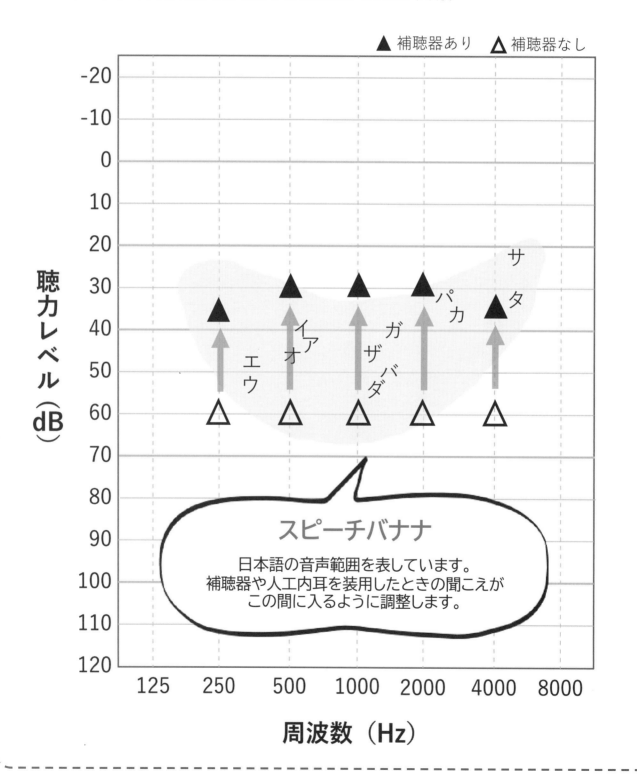

✏️ワーク

自分の聴力図を病院からもらって、見てみよう。

補聴したオージオグラムをかいてみよう

スピーチバナナに入っているか、見てみよう。

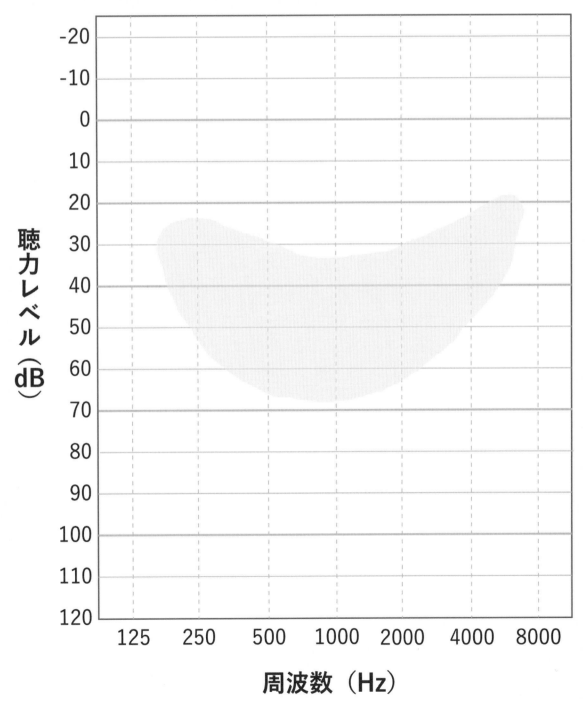

語音明瞭度とは？

▶ 語音明瞭度検査とは？

普通の聴力検査では、どのくらいの大きさの音が聞こえるかを検査しますが、実際の生活では、どれくらいことばを聞き取れるかも重要です。ことばをどれくらい正確に聞き取れるかを検査するのが語音明瞭度検査（語音聴力検査）です。

身体障害者手帳の等級の判定や、人工内耳の適応の判定にも使われています。

また、人工内耳や補聴器をつけて同じ検査を行うことで、その効果を判定することもできます。

▶ 語音明瞭度検査の方法

CD等の音源で五十音の「あ」や「ぎ」などの単音節を流し、それを聞こえた通りに用紙に記載します（もしくは復唱します）。単音節を流す音の大きさを少しずつ変えて、検査を繰り返し、それぞれの大きさで正答率を算出します。難聴の原因や種類によりますが、音を大きくしていっても正答率が100％にならないことが多く、場合によっては、音を強くするとかえって聞き取りが悪くなることもあります。

単音節以外に、数字や単語、文章の聞き取りを検査することもあります。わざと雑音を一緒に流して、実際の生活に近い状況で、ことばの聞き取りの力を測定することもあります。

📓 メモ

自分の語音明瞭度の検査結果があれば、どのくらいか？を記載してみましょう。

_____

_____

_____

▶ スピーチオージオグラム

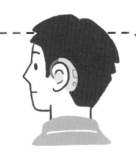

検査の結果は、スピーチオージオグラムというグラフで表します。

横軸は音の大きさ（dB）、縦軸は正答率＝明瞭度（%）です。
音の大きさを変えて検査を行い、その結果を線で結びます。

最も正答率が高かった値を「語音弁別能」（または「最高語音明瞭度」）と呼びます。
例えば、下のスピーチオージオグラムだと、右耳の結果で一番高い正答率は85%（70dB
と80dB）なので、語音弁別能は85%となります。同じように見て、左耳の語音弁別能は
65%（80dB）です。

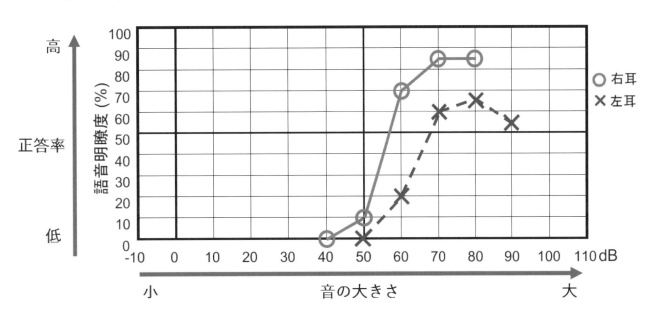

補聴器をつけずにこの検査を受けた時の結果によって、補聴器をつけた時のコミュニケー
ション能力がある程度予想できると言われています。

語音弁別能	補聴器をつけたときのコミュニケーション能力
80〜100%	聴覚のみで会話を容易に理解可能。
60〜80%	普通の会話はほとんど理解可能だが、不慣れな話題では注意の集中が必要。
40〜60%	日常会話で内容を正確に理解できないことがしばしばある。
20〜40%	日常会話においても読話や筆談の併記が必要。
0〜20%	聴覚はコミュニケーションの補助手段。聴覚のみの会話理解は不可能。

メモ

2章

補聴についての基礎知識

補聴器の基礎知識①

▶ 補聴器の仕組み

補聴器は、マイクロホンで拾った音を電気信号に変え、アンプで電気信号を増幅したものをレシーバーで再び音に変えて流す仕組みになっています。

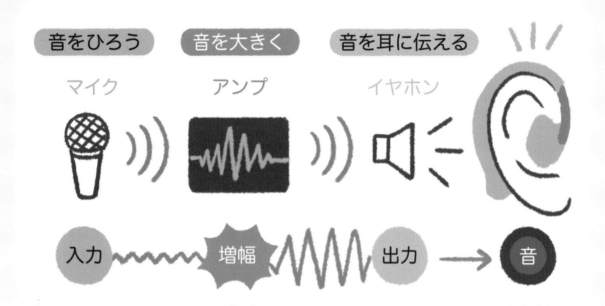

最近のデジタル補聴器はアンプがデジタル化されDSPという高性能の小型コンピュータが搭載されています。雑音を抑えたり音の方向感を出したり、スマートフォンと無線で接続したりなどの機能があります。音を大きくするだけの集音器と違って高価ですが、聞こえの質は高いです。

国内・海外にメーカーがあり、各社が色々な種類の補聴器（耳掛け、耳穴、ポケット、骨導など）を販売しています。リオネット社の軟骨伝導補聴器など特殊なものもありますので、お近くの耳鼻咽喉科や補聴器販売店にご相談ください。

▶ 補聴器の種類

大きくわけて3種類あり、他にも色々な種類があります。

1. 耳かけ型

耳にかけて使う補聴器。販売されている種類が多く、色などのデザインで選ぶことも可能です。軽度から重度難聴に対応しています。サイズが小さいものも増えており、比較的目立ちにくいものもあります。

2. 耳穴型

耳穴に収まるサイズに小型化した補聴器です。
既製品（レディメイド）と自分の耳穴の形に合わせるオーダーメイドがあります。メーカーによっては完全に耳穴の中に隠れるものもあります。

3. ポケット型（箱型）

箱型の本体と耳に入れるイヤホンがコードでつながっている。スイッチやボリュームを手元で見ながら操作が可能。部品が大きく扱いやすくなっています。

1章

2章

3章

4章

5章

補聴器の基礎知識②

▶ 補聴器の部品名称

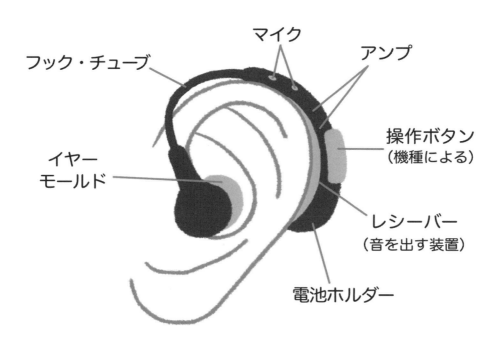

フック・チューブ
マイク
アンプ
操作ボタン
（機種による）
イヤーモールド
レシーバー
（音を出す装置）
電池ホルダー

▶ 補聴器のお手入れ方法

補聴器の汚れを
柔らかい布で拭き取る

電池を外して
乾燥ケースに入れる

長時間使用しないときは
電池を取り外す

耳栓部分は、
取り外して水洗い可能

📖ワーク

あなたの持っている補聴器について書き出してみよう。
取扱説明書やメーカーのホームページで、確認しましょう。

（例）

メーカー	Phonak
型番	オーデオマーベル M90-312S
電池の種類	使い捨て 空気電池 PR41
購入日	○○年○月○日
店舗情報	○○店
担当技能者	○○さん　E-mail: xxxx_xxxxx@co.jp
左の補聴器の特徴	青いカラーが入っている。※本体カラーが違う場合は黒など
右の補聴器の特徴	赤いカラーが入っている。※本体カラーが違う場合は白など

メーカー	
型番	
電池の種類	
購入日	
店舗情報	
担当技能者	
左の補聴器の特徴	
右の補聴器の特徴	

補聴器のフィッティング

▶ フィッティングとは

音が小さすぎる、大きすぎる、高い音が響くなど、装用者の声を聞いたり、聴力検査の結果などを参考にしながら、補聴器から出る音を調整していきます。

1回のフィッティングで全て完了することはなく、その後も日常生活を過ごしていきながら聞き取りにくい場面を伝えることで、より自分にとって聞きやすい補聴器にしていきます。

▶ フィッティング時のポイント

困っていることや違和感を感じる部分を、できるだけ具体的に伝えることが大切です。
日常生活を過ごしているとつい忘れがちなのでメモをしておくのもおすすめです。
例えば、下記のような・・・

雑音がうるさく聞こえないか

人の言葉は聞きやすいかどうか

全体的な音が大きすぎる
もしくは小さすぎないか

ハウリングが起きる場面

📖ワーク

フィッティングに行った時、担当者に何を伝えるか実際に書いてみよう。

（例）
- ・ コップや皿がぶつかる音がうるさすぎてつらい
- ・ 会議室でのミーティングが聞き取りにくい
- ・ 最近ハウリングがしょっちゅう起きる
- ・ 高い人の声があまり入らない、英語が聞きづらい

補聴器の購入の流れ

▶ 補聴器購入までの一般的な流れ

1. 耳鼻咽喉科を受診し聴力の 精密検査 を受ける

※補聴器相談医を受診すると良い。
医療費控除申請に使える診断書も記載可能。

すでに聴力が悪いことが判明している場合は先に障害福祉課に行って、医師意見書をいただいてから病院に行くことも可能です。

2. お住まいの自治体の障害福祉課などで 補聴器購入の 給付申請書 、 補装具交付申請書 、 医師意見書 をもらう

※意見書は耳鼻咽喉科医が記載します。
※身体障害者手帳が必要なのが一般的ですが、手帳の
ない難聴者にも支援している自治体もありますので、
詳細は自治体で確認ください。
※自治体によっては様式がダウンロードできます。
自治体Webサイトを参照ください。

3. 補装具交付意見書を補聴器販売店に持参し、 見積書 を書いてもらう

※「認定補聴器技能者」の在籍する販売店がおすすめです。
※耳鼻咽喉科で補聴器外来を行っているところもあります。

4. 障害福祉課へ給付申請書、補装具交付意見書、見積書を提出

※このときに何か不備があった場合は、2−3の工程に戻って書き直してもらったりすることもあります。
スムーズに1回で終わればいいのですが、終わらないこともあるので余裕を持って動くのをお勧めします。

5. 補装具費支給券が発行される（書類提出から発行まで約2〜4週間）

※支給券の発行を待てない場合は、先に補聴器を購入して、使用を開始してから返金してもらうといった形を取ることもできたりします。

6. 補装具費支給券に署名し、補聴器販売店に提出して、補聴器を受け取る

※無事に補聴器が購入できました！

ここからが本番です。補聴器の調整・フィッティングはより大事になってきます。最初のうちはうるさく感じてしまったり思いのほか慣れるまで聞こえない・・・、思ったのと違う・・・となってしまう人もいます。細かい調整の繰り返しで自分にとってベストな補聴器が出来上がります。

補聴器の電池と、故障例

▶ 空気電池を使う補聴器

補聴器でよく使われる電池は空気亜鉛電池になります。
シールを剥がして使うもので、大体4日〜1週間程度で電池が切れます。
最近では電池交換が不要な充電式の補聴器も出てきています。

電池を持たせるコツ

30秒〜1分待つ

☐ シールを剥がしてから空気が行き渡るまで
30秒–1分程待つ。

☐ 寒い場合は少し温めてから使用する。

こちらの2つを意識するだけでも電池の持ちが変わってきます。

電池の捨て方

電池をセロハンテープでくるみます。これでショートを防ぎます。小さいので気軽にゴミ箱に捨てる方がいますが、絶対にやめましょう。

自治体のごみの捨て方に従って、他の乾電池同様に捨てるか、お店にある電池回収箱を活用して、リサイクルに協力しましょう。

メモ

_____

_____

_____

▶ 補聴器がこわれる例

下記のような、さまざまな理由があります。

汗をかいたあとや、濡れた後に、
拭きとらずに電池ふたを開けてしまう

冬に結露が生じたまま
ほったらかしにした

ペットにかじられた

補聴器内部の不具合

補聴器の調子がおかしいと思ったら・・・

聴力自体が落ちている可能性があるので、耳鼻咽喉科を受診しましょう。機器の故障であればメーカー保証が効く場合があるので、補聴器販売店に相談しましょう。

補聴器機を携帯やパソコンに繋ぐ

▶ Bluetooth搭載の補聴器が出ている！

現在の新しい補聴器や人工内耳はBluetoothを使って直接スマートフォンや、PCに接続することができるようになっています。

この機能を活用すると、テレビ電話や、電話なども音声が直接自分の補聴器だけに届くため、かなりクリアに聞くことができます。普通のイヤホンのように使えますが、ボリュームを上げすぎると音漏れがあるので注意しましょう。

(写真はソノヴァ・ジャパン株式会社様、デマント・ジャパン株式会社様よりご提供)

▶ Bluetoothで直接機械に繋ぐ

スマートフォンやPCなどに、Bluetoothの補聴器から直接繋ぐことが可能になっています。

これまで雑音が入ってしまったり、パソコンのスピーカーで音を大きくして聞かないといけなかった···といった人たちが、直接補聴器や人工内耳をつないで音を増幅し、聞けるようになりました。今後、ますますそういった補聴器が増えることが想定されます。

▶ どんな時に便利？

オンラインで
ミーティングをする時

研修や講義などを
受ける時

YouTubeやテレビなどを見る時

スマホで電話をする時

古い型の補聴器でも中継機を使えば可能になることも

直接スマートフォンやPCに繋がらない機種も、中継機を使用することで使用できることがあります。

対応機種や、補聴器、人工内耳の種類によって異なるので、販売店にご相談ください。テレコイルや、オーディオシュー、FMやロジャーを活用することで使えることも多いです。

（写真はソノヴァ・ジャパン株式会社様よりご提供）

補聴援助システムとは？

▶ 補聴援助システムとは？

① 補聴援助システムとは？

補聴器や人工内耳をつけている人の聞こえを助けるものとなります。
周囲の雑音をできるだけ排除したり、反響音を避けてクリアに聞こえるようにします。

② 補聴援助システムが必要な場合

補聴器・人工内耳をつけても正常な耳になるわけではありません。
苦手なシーンもあります。

話し手と2メートルを超えると
マイクで正確に集音できず聞き取れない

雑音などうるさい環境では
聞き取りの精度が落ちる

こういった状況に応じて補聴援助システムを使うことで聞き取りやすくなります。

補聴援助システムの歴史

赤外線をつかった無線の通信機やFMマイクという流れで、進化してきています。
今はワイヤレスマイクが主流になってきています。

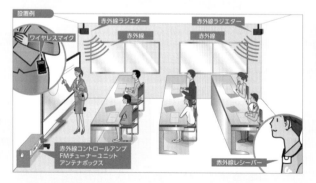

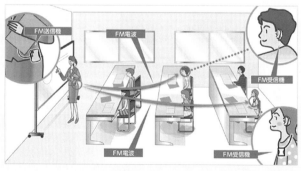

（画像はリオン株式会社様よりご提供）

▶ 補聴援助システムの主な2種類

1. 不特定多数で使うもの （公共の施設や、空港などの施設全体で対応するもの）

テレコイルを使ったループシステム(ヒアリングループ)

ループシステムとは、床に埋め込んだりするもので、複数の聴覚障害者を対象にしています。アンプから直接ループ線に音を流し、その音がダイレクトに補聴器や人工内耳に入るようになっています。

注意

テレコイル(Tコイル)が、使用している補聴器や人工内耳に内蔵されていない場合は使用することはできません。(※一部の補聴器や人工内耳など、機種によっては入っていません)

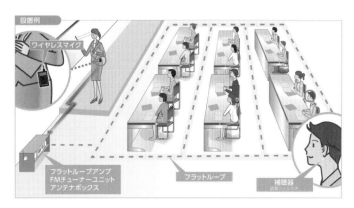

2. 個人・教室・会社で使うもの

ワイヤレスマイクを使った通信機

ワイヤレスマイクは、基本的には送信機と受信機があり、送信機側を話し手がつけることによって直接補聴器や人工内耳につけた受信機に音を届ける仕組みです。受信機は内蔵型と外付け型の両方があります。
1台の送信機に複数の受信機を繋ぐことができるため、複数人にも対応できるようになっています。

ミニマイクロホン
コクレア社の人工内耳と、GNヒアリング社の一部補聴器のみに対応

EduMic
オーティコンの補聴器に対応

Roger
メーカー問わずほとんどの補聴器に対応

（写真は株式会社日本コクレア様、ソノヴァ・ジャパン様、デマント・ジャパン様よりご提供）

1章
2章
3章
4章
5章

デジタルワイヤレス補聴援助システム

▶ デジタルワイヤレス補聴援助システムとは？

ワイヤレス補聴援助システムがデジタル化され、クリアな音声を耳元に届けることが可能です。現在では、フォナック社のロジャーが主に用いられており、ここではロジャーを例に説明します。フォナック社の補聴器だけではなく、どのメーカーの補聴器や人工内耳でも使うことが可能なため、広く教育現場や会社で使用されています。

デジタルワイヤレス補聴援助システムのしくみ

デジタルワイヤレス補聴援助システムは、話し手の声をワイヤレスマイクが集音し、補聴器や人工内耳内の受信機に送信することで、ある程度はっきりとした音声を耳元に直接届けることが可能になっています。

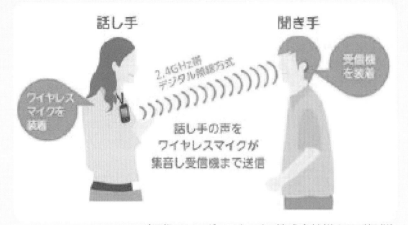

（画像はソノヴァ・ジャパン株式会社様よりご提供）

▶ デジタルワイヤレス補聴援助システムはどんな場面で使える？

雑音の大きい場所や、距離が遠くなる時などに有効です。

| 講義・研修などの講師 | 会議の場で | ドライブ中に | スマホやPCに繋いで |

▶ 受信機と送信機の種類

受信機は、補聴器や人工内耳に装着します。（フォナック社の補聴器では、すでに受信機が内蔵されているタイプもあります。）

受信機内蔵型補聴器

ユニバーサル受信機
（他の機種と組み合わせて使用）

人工内耳とも組み合わせ可能

送信機は、話し手が首からかけたり、クリップ等で襟元に装着する送信機からの音を直接受信機が拾うことで、言葉が聞き取りにくい環境でもクリアに聞くことが可能になります。
（※ロジャーの送信機の種類は、2021年2月現在のものです。）

タッチスクリーン

ペン

セレクト

テーブルマイク
（画像はソノヴァ・ジャパン株式会社様よりご提供）

※それぞれの送信機に特徴があるので、使う場面で選ぶことが可能です。

よくある質問

Q.1　デジタルワイヤレス補聴援助システムをつけると、周りの音は一切聞こえなくなるの？

A. 周りの音も入りますが、送信機からの音が最もしっかり入るような仕組みになっています。スマホの補聴器アプリを使うとロジャーの音だけ聞くようにすることも可能です。

Q.2　フォナック社の補聴器以外でもロジャーはそのまま使えるの？

A. ユニバーサル受信機（ロジャーエックス）や磁気コイルなどを介して接続します。

Q.3　ロジャーは障害者特別支援法で申請できる？

A. ロジャーはまだ補装具として認可されていないため申請できませんが、自治体によっては特例補装具として補助が出るところがあります。

人工内耳の仕組みと適応条件

▶ 人工内耳とは？

① 補聴器と人工内耳の違いは？

補聴器は、音を聴力に合わせて大きくするものです。

人工内耳は、大きな音でも聞こえない耳に対して耳の奥に入れた電極が神経を直接刺激し脳に信号を届けるため、重度難聴でも音を聞くことができるようになります。

② 人工内耳の名称

「体内装置」と「体外装置」に分かれています。体外装置はコイル一体型（右）の機種もあります。

© Cochlear Limited 2018

体内器（インプラント）

© MedEL

体外器

▶ 人工内耳のメーカー

日本で認可されている人工内耳メーカーは、3社になります。

Cochlear（コクレア）社

MED⁰EL

MED-EL（メドエル）社

Advanced Bionics
（アドバンスト・バイオニクス）社

▶ 人工内耳の仕組み

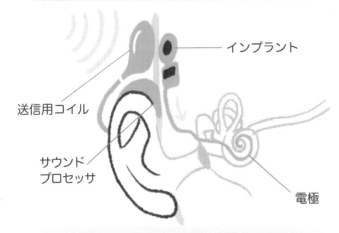

人工内耳の仕組み

インプラント

送信用コイル

サウンド
プロセッサ

電極

人工内耳は音を集めて電気信号に変換する
対外装置と、受信装置から伸び、蝸牛内部
に挿入する電極で構成されている

1. サウンドプロセッサ

マイクが内蔵されています。マイクから入る音を、デジタル信号に変えます。

2. 送信用コイル

サウンドプロセッサからの音(デジタル信号)を、無線で頭皮の内側にあるインプラントにとばします。

3. インプラント

この中に受信コイルがあり、②送信用コイルからの音(デジタル信号)を受信します。インプラントの先に電極が複数ついています。

4. 電極

耳の奥(蝸牛)に小さな穴をあけて挿入されます。この電極を通じて聴神経が刺激され、脳で音として認識されます。

▶ 人工内耳が適応になる条件は？

日本耳鼻咽喉科頭頸部外科学会が定めており数年ごとに改訂されています。

成人では、両耳の平均聴力レベルが90dB以上の重度難聴の方、両耳の平均聴力レベル70dB以上90dB未満で補聴器の装用の効果があまりない場合(補聴器装用時の最高語音明瞭度50%以下)が対象になります。

適応内であっても、補聴器使用で充分だと感じていたり、手話で話すなど人工内耳を選択しない方もいます。

低音部の聴力が残っている方向けの残存聴力活用型人工内耳の適応は2014年にガイドラインが発表されていて、500Hzまでが65dB以下、2000Hzが80dB以上、4000Hz以降が85dB以上かつ、補聴器を装用しての語音聴取が60%未満の方が対象とされています。

人工内耳の手術

▶ 助成の内容

人工内耳の手術は、自立支援法のもと、18歳未満は育成医療、18歳以上は更生医療の適応になります。更生医療適応には身障者手帳の交付が必須です。原則1割負担で、所得に応じて負担額が異なり、一定所得以上は育成医療・更生医療の適応から外れ高額医療の扱いになります。
役所の福祉課・福祉事務所などで詳細を問い合わせ・用紙を入手します。

▶ 手術の流れ

人工内耳の手術は全身麻酔をして受ける、約2～3時間の手術になります。
手術の翌日には多くの人が歩いて動くことができ、入院も3～7日程度です。

1. 術前検査

聴力検査、CT・MRI、全身状態などのチェック等を行います。

2. 手術

耳の後ろを切り、頭蓋骨に穴を開けます。
中耳の奥にある蝸牛に電極を挿入します。

3. 音入れ

サウンドプロセッサを調整して電極を刺激し、音を入れていきます。

4. リハビリテーション

人工内耳を入れてもすぐにはっきりと聞こえるようにはならないため、リハビリテーションが必要になります。
必要な期間は人によって異なります。

📖 ワーク

居住地の福祉事務所（役所の福祉課）を調べよう。

区役所のどこの課　：＿＿＿＿＿＿＿＿＿＿＿＿＿＿＿＿＿＿＿

電話　：＿＿＿＿＿＿＿＿＿＿＿＿＿＿＿＿＿＿＿

FAX　：＿＿＿＿＿＿＿＿＿＿＿＿＿＿＿＿＿＿＿

自分の身体の状態を把握しておこう。
（内科や眼科など、他科疾患・生活習慣病の情報、内服薬などの情報をメモしておきましょう）

・＿＿＿＿＿＿＿＿＿＿＿＿＿＿＿＿＿＿＿＿＿

・＿＿＿＿＿＿＿＿＿＿＿＿＿＿＿＿＿＿＿＿＿

・＿＿＿＿＿＿＿＿＿＿＿＿＿＿＿＿＿＿＿＿＿

・＿＿＿＿＿＿＿＿＿＿＿＿＿＿＿＿＿＿＿＿＿

・＿＿＿＿＿＿＿＿＿＿＿＿＿＿＿＿＿＿＿＿＿

手術を受けたら・・・
自分の人工内耳について記録しておこう。
（情報を記録したインプラントカードが主治医や言語聴覚士からもらえます）

【手術した時期】　　右 ：　　　年　　　月＿＿＿＿＿＿＿

左 ：　　　年　　　月＿＿＿＿＿＿＿

【機種名】　　（例）右 ：　　コクレア社 Nucleus 7 など＿＿

右 ：＿＿＿＿＿＿＿＿＿＿＿＿＿＿＿

左 ：＿＿＿＿＿＿＿＿＿＿＿＿＿＿＿

人工内耳の手術後の流れ

▶ 人工内耳の手術後の流れは？

① 音入れ・プログラミング（マッピング）

音信号を電気に変える方式のことを プログラム（マップ）といい、呼び方はメーカーごとに異なります。（マッピングはコクレア社の商標です）

初回のプログラミングを一般的に「音入れ」といい、通常、手術のあと1週間程度で行います。（ただし、施設によって異なります）その後はプログラミングを繰り返し、調整を重ねます。

プログラム調整ソフト　言語聴覚士　人工内耳　音の大きさイメージ

プログラミング時に言語聴覚士（ST）に伝えるポイントとしては、どんな環境で使っているか（部屋の広さ、音源の場所、周囲の雑音を含めた詳細）、肉声と電子音の違いがわかるかどうかなどを詳しく伝えます。

② （リ）ハビリテーション

リハビリでは、先天聾のお子さん・中途失聴の方で対応が異なります。中途失聴の方は、脳が記憶している言葉と、人工内耳の信号をすりあわせていく作業が必要になります。どのくらいのリハビリ期間でどの程度会話が可能になるかは、失聴原因や失聴期間・難聴の性質や程度・脳の「やわらかさ」などに左右されるため、個人差が非常に大きいです。

また、リハビリは、その方の聞こえのレベルでも内容が異なります。環境音や人の声を聞き取ることができるか、聞き取った音が何の音であるかわかるかといったレベルの方から、近年は機器の進歩により音入れ初期から様々な音が聞き取れ、会話の内容がある程度理解できるような方もおられます。そのような方々には聴取が難しい雑音下での聞き取りの訓練や、電話を使用した訓練などを行います。装用者のレベルやニーズに合わせた訓練を行っていきます。

▶ 人工内耳リハでしっかり伝えるべきこと

□ どんな環境で使っているか
（部屋の広さ、音源の場所、周囲の雑音などの詳しい情報）

□ 肉声と電子音の違いがわかるかどうか

□ 聞きやすい音、聞きにくい音はどんな音か　など

□ 聞き取りの改善には

・プログラムの改良　　・環境調整　　・カウンセリング

などの手段があるので、どれが最適かを判断するために、
使用状況を詳しく伝えるとよいでしょう。

ワーク

マッピングに来たつもりで、担当者にどのように伝えるか具体的に書いてみましょう。
「聞きづらさ」や「不快」な場面だけでなく、「聞こえるようになった音」なども伝えるとよい
でしょう。

（例）　家族の声がぼやけて聞こえるように感じる

　　　　電車のアナウンスが聞こえた

　　　　○メートル先の台所から、電子レンジのお知らせ音が聞こえた

_____

_____

高い音、低い音、ことばがどうか？といったことを、具体的に書いてみましょう。

　　　・
_____

　　　・
_____

　　　・
_____

人工内耳装用者が気をつけること

▶ 人工内耳をする上での注意点

① 日常生活での注意点は？

多くのスポーツは問題なく可能です。実際に多くの装用者が様々なスポーツを楽しんでいます。

ダイビングやラグビーなど、インプラントに衝撃が伝わる可能性の高いスポーツは、場合によっては避けたほうがいいケースもあります。不安なことや心配なことがあれば、主治医や言語聴覚士に相談しましょう。

② 医療上の注意点は？

医療的な検査や治療で注意が必要なことがあります。

以前は難しいと言われていましたが、MRI検査は機種によっては可能になっているものも増えていますし、包帯などで圧迫しながら巻くことで受けることもできます。電気メスと精神科の電気痙攣療法は「頭頸部を避ける」ことが大切です。

その他、マイクロ波治療器や超音波治療器は植込み部を避けるようにといわれていますが、それ以外問題ないことがほとんどです。いずれも担当の医師や検査技師に相談しましょう。

▶ 人工内耳の故障かなと思ったら

よく起きやすい故障例

ランプの点滅など

ケーブルが切れる

音が変・・・

こういったトラブルが起きています。それ以外にも些細なことでも変だなと思った場合は、すぐにメーカー、担当医師、担当STに相談しましょう。

▶ 人工内耳のお手入れ方法

人工内耳の汚れを
柔らかい布で拭き取る

ケースに入れて
乾燥させる

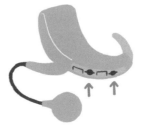

マイクカバーなど
消耗品の交換

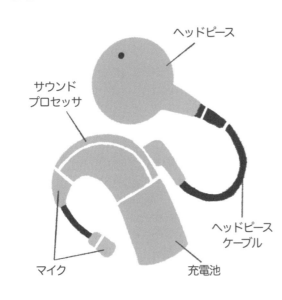

ヘッドピース

サウンド
プロセッサ

マイク

充電池

ヘッドピース
ケーブル

点検

・ 欠けはないか
・ 錆や汚れが付着していないか
・ ケーブルの被膜破れなどないか

注意

起こりやすいトラブルとしては、
ケーブルの断線や、一体型では紛失
があげられるので、注意しましょう。

最新機種を購入したい場合は？

自治体によりますが、一定額の補助が出ることがあります。
人工内耳友の会（ACITA）ホームページ上で最新情報が公開されています。

日本耳鼻咽喉科頭頸部外科学会のWebサイトも併せてご覧ください。

ACITA　　　　　　　　　　https://www.normanet.ne.jp/~acita/
日本耳鼻咽喉科頭頸部外科学会　http://www.jibika.or.jp

 メモ

3章

代替手段に
関する
基礎知識

主にどんな代替手段がある？

▶ 代替手段とは

聴覚を活用してコミュニケーションを取るのが難しい場合や、聴覚のみでは正確な情報を得るのが難しい場合は、聴覚以外のコミュニケーション手段（代替手段）を活用することをお勧めします。

▶ 色々ある代替手段

1. 手話通訳

相手の話し言葉を手話に変換してもらい、自分の手話を話し言葉に変換してもらうことです。
異なる種類の手話を使う相手との通訳をしてもらうこともできます。

2. 要約筆記・ノートテイク

話している内容を要約して書いてもらう方法で、書いた内容をプロジェクターやカメラを使ってスクリーンに映し出すこともできます。
隣に座ってノートに書き留めてもらうノートテイク、パソコンで入力するパソコン要約筆記もあり、最近はパソコン要約筆記が主流になってます。

3. 音声文字変換装置・アプリケーション

スマートフォンやタブレット、パソコン等にダウンロードして話し言葉を文字に変換してくれるアプリケーションです。現在自治体のサービスには入っていませんが、無料で利用できるものが多くあります。ただし、企業等で使用する場合は有料となっているものもあり、注意が必要です。

4. 字幕や手話付きのテレビ（聴覚障害者用情報受信装置）

通常のテレビ番組に字幕や手話通訳の映像を追加したり、字幕と手話通訳がついた聴覚障害者用のテレビ番組を見たりすることができます。災害時の緊急信号も受信してくれます。

5. ファックス・聴覚障害者用情報伝達装置など

FAXとは、電話回線に専用の機器を接続し、書類などの原稿を読み取って相手の機器に送信、相手側で受信して印刷することができるもののことを言います。
文字がはっきりわかりやすく、使い方がシンプルなため、年齢を問わず活用しやすいです。また公的な機関や書類のやりとりなどでは電話とFAXが前提となっていることも多いため、今も多く活用されています。

6. 電話リレーサービス

電話リレーサービスとは、聞こえない・聞こえにくい人と聞こえる人を、オペレーターが"手話や文字"と"音声"を通訳することにより、電話で即時双方向につなぐサービスです。
電話でしか対応していないお問い合わせ先などに連絡する際にも使うことが可能です。

自治体からサービスは受けられる？

▶ 自治体から受ける代替サービス

全ての国民が障害の有無によって分け隔てられることなく、相互に人格と個性を尊重し合いながら共生する社会の実現に向け、障害を理由とする差別の解消を推進することを目的として、平成25年4月に障害者総合支援法が、また平成28年4月には障害者差別解消法が施行されました。

その中で差別解消のための措置として「不当な差別的取扱いの禁止」「合理的配慮の提供」が掲げられています。難聴者への代替手段の提供は「合理的配慮」に該当します。つまり、日常生活で聞こえの問題で困っていることがあれば、サービスを受けることが可能だということです。

具体的には、聴覚障害者が受けられる代替手段のサービスとしては、「手話通訳等の派遣」と「日常生活用具の給付・貸与」があります。

1. 手話通訳や要約筆記

手話通訳および要約筆記の利用は、各市町村の障害福祉課等や自治体の聴覚障害者支援センター、聴覚障害者協会などに申込みます。聴覚障害者等で構成する団体や聴覚障害者個人による依頼であれば、通常無料で利用できます。公的機関、企業、団体からの依頼は有料となります。

障害者総合支援法施行に当たり、厚生労働省は「地域生活支援事業における意思疎通支援を行う者の派遣等について」を発表し、その中で手話通訳者及び要約筆記者の派遣に関して、意思疎通支援事業実施要綱を参考に市町村（もしくは都道府県）で実施することを提唱しています。

利用する人の聴力の程度や身体障害者手帳の有無については、ほとんどの自治体では明記されておらず、「難聴があって視覚情報を用いたコミュニケーション手段が必要な人」が対象とされていることが多いようです。
詳しくはお住まいの自治体にお問い合せわ下さい。

2. 日常生活用具

難聴者が対象となる情報意思疎通支援を行う日常生活用具としては、音声の代わりに文字等を用いて電話を行うファックス等（聴覚障害者用通信装置）や字幕・手話付きのテレビ放送（聴覚障害者用情報受信装置）などがあります。

各自治体で若干差はありますが、この2つはほぼ一律に対象となっています。市町村ごとに給付または貸し出しなどのルールが定められています。

> 例）聴覚障害者用通信装置：聴覚障害3級、6級等
> 　　聴覚障害者用情報受信装置：聴覚障害6級、規定なし等

各自治体により受けられるサービスや申請先は多少異なります。
詳しくは市町村の担当窓口に問い合わせてください。

代替手段が有用な場は？

▶ 代替手段が有用な場は？

その場の状況や主とするコミュニケーション手段によって有効な方法は異なります。
例えば…

講義・授業

要約筆記・ノートテイク
補聴援助システム
音声文字変換

講演

手話通訳、要約筆記
補聴援助システム
音声文字変換

会議（大人数）

手話通訳
要約筆記
補聴援助システム

会議（少人数）
静かな場所での打合せ

補聴援助システム
音声文字変換

雑音がある場所での打合せ

要約筆記・ノートテイク

電話対応

FAX・情報伝達装置
音声文字変換

電話連絡

FAX・情報伝達装置
電話リレーサービス
メール

静かな場所での食事

筆談
音声文字変換

雑音がある場所での食事

筆談
要約筆記

病院受診・公共の場の窓口 事務手続きや交渉など

手話通訳
音声文字変換
要約筆記
筆談

テレビを見るとき

情報受信装置
音声文字変換
Bluetooth機能

冠婚葬祭

手話通訳
要約筆記
音声文字変換

動画等を見るとき

音声文字変換
Bluetoothで
直接繋ぐ

緊急連絡時

FAX
電話リレーサービス

雑音がある場所での打ち合わせ、電話対応などは必要に応じて配慮や免除を相談してみましょう。

1章
2章
3章
4章
5章

手話通訳&要約筆記について

▶ 手話通訳・要約筆記をどう頼む？

手話通訳や、要約筆記は、申請をすればさまざまな場所で活用することができます。通訳者には、守秘義務もありますので、プライベートな話も安心してすることができます。

例えば病院についてきてもらったり、会社の研修、といった機密性の高い情報を伝達してもらうことも可能です。

それだけではなく、事故などが起こった際に、聞き間違いによるトラブルなどを防ぐためにも遠隔の手話通訳をリアルタイムで対応してもらうことも、今は可能になっています。

聴覚障害者の権利でもあるので、ぜひ活用していきましょう。

病院

会社の研修

区役所

旅行

派遣します

参観

冠婚葬祭

事故・トラブル

▶ 通訳を依頼する際の大まかな流れ

手話通訳や要約筆記を依頼する際の大まかな流れは、次のようになります。

1. FAX、メール、窓口などで申請をする

2. 通訳者の空き日程などを確認

3. 打診の返事がくる

場合によっては日程が変更になることもあります。

4. 正式に依頼をする

事前資料等がある場合は、先に送っておくとよいでしょう。

5. 手話通訳者決定通知や、要約筆記者決定通知が届く

6. 当日、現場で通訳者と待ち合わせし、現場で解散する

▶ 要約筆記の種類

要約筆記の種類としては、主に、手書きするもの、PC等を使ってタイピングするもの、また、OHPなどを使って大きめのスクリーンに表示し、一度に複数人が情報共有できるものなどがあります。

手書きする

PC・OHPを使う

1章

2章

3章

4章

5章

音声文字変換について

▶ 音声文字変換とは

音声文字変換とは、話し言葉を自動的にAIが判断して文字に変換してくれる機能となっています。スマートフォンやタブレット、パソコン等にアプリケーションをダウンロードすることで使うことが可能になります。一般的には、Google合同会社などが開発しているものがあります。

Googleの音声文字変換

こえとら

さまざまなアプリがあり、ケータイの機種によっても使えるものが異なってきます。

▶ 音声文字変換は、さまざまな使い方ができる

音声文字変換は、以下のようなさまざまなシーンで活用することができます。

☐ 議事録の補助として
☐ ビデオ会議のサポートとして
☐ YouTubeなどでの字幕のないライブ動画視聴時に
☐ 研修で相手側にマイクをつけてもらって
☐ 病院での医師の診察時に　など

▶ 認識率は変わる？

アナウンサーのようにはっきり話してくれる方の場合は、
ほぼ100％に近いといっていいくらい精度がよくなっていますが、
マイクに他の雑音が入ってしまうような騒がしい環境下や、相手の
話し方がボソボソしている場合、それ以外にも
複数人で会話をしている環境では、一気に認識率が
下がってしまいます。
認識率が低いと、「使えない…」と感じてしまう方も多いのですが、
工夫することも大事です。

▶ AIが認識しやすい話し方の工夫

音声文字変換は、以下のような工夫で認識率が上がることがあります。

- ☐ はっきり話す
- ☐ マイクと口を近づけて話す
- ☐ マイクの性能（指向性など）を良くする
- ☐ 単語登録（※特によく使われる固有名詞など）をしっかり行う
- ☐ ダラダラと長く話さず、区切って話す

また、音声文字変換は、スマホやタブレットだけではなく、スマート
ウォッチなどでも使うことが可能で、直感的にサッと対応できるの
で、ちょっとした会話などはお互いストレスフリーで会話ができるこ
とも多いです。

当事者である私も、店などでちょっとした会話がマスク越しで、どう
しても分からないときは、Apple Watchに向かって話をしてもら
うこともありますが、とても便利です。

アプリの進化で便利に

Googleのアプリには音検知通知という機能があり、子供の泣き声や、インターホン、それ以
外にも自分の名前など、特定のものの音がしたら、スマートウォッチや、スマートフォンで教え
てくれるという技術があります。インターホンを教えてくれるパトライトランプなどを使用しな
くても、手元にあるスマホですぐに対応ができるくらい今の技術は進化しています。

電話リレーサービスについて

▶ 電話リレーサービスとは

電話リレーサービスは、聞こえない・聞こえにくい人と聞こえる人を、オペレーターが "手話や文字" と "音声" を通訳することにより、電話でリアルタイムで双方向につなぐサービスのことです。電話でしか対応していないお問い合わせ先などに連絡する際にも使うことが可能です。

▶ 使い方

電話リレーサービスは、主に、以下のような手順で利用することができます。

1. 事前登録をする

2. 電話リレーサービスに連絡をする

3. 電話をかけたい相手の番号を伝える

4. 相手が電話をかけてくれる（通訳ベース）

<電話リレーサービスのイメージ>

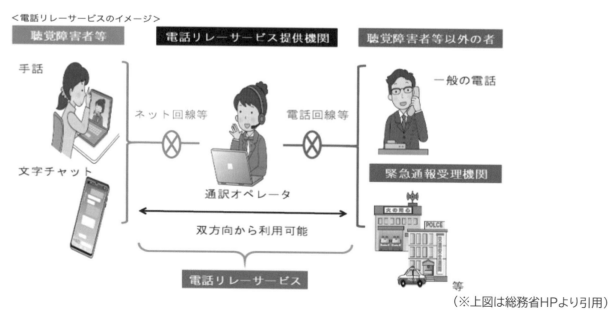

（※上図は総務省HPより引用）

▶ 電話リレーサービスはどんな場面で使える？

緊急時など電話をかける必要がある時に有効です。

事故にあったので、
警察に連絡したい

子供が熱を出したので、
病院に連絡したい

クレジットカードを落としたので、
止めてもらいたい

仕事で電話連絡をする必要がある

最近の法整備

聴覚障害者等による電話利用の円滑化のため、公共インフラとしての電話リレーサービスの適正かつ確実な提供を確保するなどの必要があることから、「聴覚障害者等による電話の利用の円滑化に関する法律」（令和2年法律第53号）が制定され、令和2年12月1日に施行されました。

また、電話を使う国民から電話リレーサービス代が徴収されており、これからの金額などは変わる可能性があります。

メモ

4章

環境整備

STEP 1

4 章 【環境調整】

聞きやすい環境

▶ 聞きやすい環境を作ろう

環境調整とは？

周りの騒音を小さくしながら聞き取りのヒントを増やし、「聞きやすい＆話しやすい環境を整える工夫」のこと。

よく聞くためのポイント

☐ 周りの騒音を小さくする

☐ 聞き取りのヒントを増やす

☐ 場所を変える

うるさい音の中で小さい音を聞くのは誰だって苦手です。補聴器や人工内耳をつけて、よりよく聞くためにはまず、「環境調整」を意識しながら身近な人と一緒に周りの環境を見直してみましょう。

それぞれのお家や職場で異なるので、「自分の状況」をしっかり考えてみましょう。

例えば、バスではさまざまな音が溢れています。バスのエンジン音や、走っている音、放送の音、人が話していることもありますし、物の音もたくさんするでしょう。

そんな中でどうやったら自分が聞きたいものを聞けるか？上のイラストのような環境では、友達と話すときに聞き取りにくいこともあると思います。

どんな場所なら聞き取りやすいか？を考えると、環境調整のコツが見えてきます。

▶ 聞きやすい環境を作るためのヒント

どんなヒントがあると良い？

【 わかりやすい場所 】

☐ **明るい室内** ： 室内が明るいと、相手の口元を読み取りやすくなります。手話やジェスチャーなども見やすくなります。

☐ **筆談セット** ： 必要に応じてホワイトボードを併用したり、メモを使用したりすることができれば、聞き取りのヒントになることがあります。

☐ **静かな環境** ： カフェでもガヤガヤしたところよりも静かなほうが集中して聞き取れることが多いです。

【 わかりにくい場所 】

☐ **反響する場所** ： 音が反響してしまい、すごくうるさく感じてしまいます。

☐ **機械音がうるさい場所** ： どうしても機械の性質上、いろいろな音が一気にはいってしまうため、会話などをしていなくても、いろいろな音を聞いて疲れてしまうことが多いです。

手近なところに、こうした「ヒント」を置くことでわかりやすくなることもよくあります。できるだけさまざまな音を知ることを心がけたいところです。

環境調整には大きく分けて2つの考え方があります。

① 日常生活を細かく分析して調整する方法（ボトムアップ）
② 必要な情報をあらかじめつかんでおく方法（トップダウン）

- -

細かいことは次のページ以降で触れますが、こういった方法を柔軟に組み合わせながら対応していけるとより良い聞こえを得ることができます。

日常生活を分析して調整しよう

▶ 日常生活を分析して調整しよう（ボトムアップ）

周りの騒音を低減して、聞きたい音を大きくすることを目指しましょう。
具体的な調整方法には、次のようなものがあります。

音源の同定

まず、自分の「聞きたい音（音源）」と「避けたい音（騒音源）」が「何」であり、「どこ」にあるかを確認します。

騒音源対策

騒音源はその場に必要ですか？

機器の脚部にゴムなどの制振材を用いたり、
騒音源をカバーすることもできます。

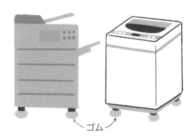

音源との距離の調整

音源を近くに、騒音源を遠くにできないか検討します。

音の方向調整

聞こえやすい側（人工内耳・補聴器の装用側等）に音源を、聞きにくい側に騒音源を移すように室内のセッティングをします。

音の反響の調整

「つるつるした面」がある床材や天井は、反響して音を聞き取りにくくします。

布でカバーしたり、カーペットを敷いたりして反響を抑えましょう。ホールや廊下からの反響は、ドアや窓を閉めて改善します。

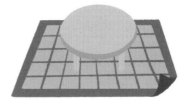

音の遮蔽

周囲の話し声等が問題になる場合には、吸音材を用いた「ついたて」で遮蔽します。

とくに開放空間（例　広いレストランのホールなど）では、騒音源（例　背後の別グループの会話する声や音）との間に簡単な遮蔽物があるだけで聞き取りは改善します。

STEP 3

4章【環境調整】

必要な情報をどう獲得するか

▶ 内容を推測しやすくする工夫をしよう（トップダウン）

音が聞こえない場合でも、音以外の方法で何が話されているかを推測しやすくしましょう。具体的な方法には、次のようなものがあります。

分からないときに助けを求める

「今、どこの話？」「なんの話？」と、分からなくなったときに、聞けるような環境を作っておきましょう。

進行役や議事録を書く記録者の隣に座る、最初の段階で聞こえないことを伝えておく、なども有効です。

相手の顔が見やすいようにする

照明やマスク等で顔や口元が見えにくいと、会話が分かりにくくなります。

逆光にならないような照明の状況・位置関係を考えましょう。

聞こえない人

ポイントを明示する

あらかじめ頻出するキーワードや、社内用語を事前に勉強しておくと、言っていることが分かりやすくなり、聞き取りやすくなります。

レジュメ等の資料（ハンドアウト）も予習しておくことで聞き取りやすくなります。

レジュメ　　社内用語リスト

聴者が話す際の対応

話者（聴者）側が、聞き手（難聴者）にとって「聞き取りやすい話し方」を知っておくのも大切な環境調整です。

ゆっくり話すこと、大切なポイントの前にポーズ（休止）を入れること、キーワードを強調してしゃべること、テンポよく話すことなどが含まれます。

これらの対応は、人によって希望する内容が異なるため、しっかりと自分自身が聞きやすい話し方を伝えましょう。

話し手は、聞き手の理解を確認しながら話し、うまく聞き取れていないときには、反復、追加等のコミュニケーション修復の手段を用いることが必要になります。

視覚化する

音は、「合図」としても使われます。機器の起動音や、ドアのノックなどがあげられます。

誰かの入室に伴う開閉音などの音に関しては、そもそも、「音による合図」に頼らないように対応する、というのも1つの手です。

例えば、ドアを閉めておいて、開けばすぐに気が付くようにする、機器に電源が入るとランプがつくようにする、というのも、環境調整と言えます。

4章【環境調整】

自分の職場での環境を考えよう①

📖 ワーク（記載例）

自分の職場の音環境について、書き出してみましょう。
聞きやすい環境になるよう、調整できないか考えてみましょう。

（記載例）

聞きたい音

上司・同僚からの説明や指示

プレゼン相手の声

電話相手の声

ミーティングでみんなが話す内容

距離と方向

人工内耳をしている左から話してほしい

会議室が広いと聞き取りにくい

シュレッダーから2メートル以上離れた場所で話してほしい

聞きたくない音

コピー機の音

シュレッダーの音

近くでの雑談

電子レンジが回っているときの音

ヒールで近くを歩いている人の音

自分でできる対策

ミーティングの時は話者の近くの席に座る

電話は難しいと伝える

周りにお願いしたい対策

席を工夫してもらう

ロジャーやマイクなどを使用してもらう

聞き取りやすい話し方について理解してもらう

メモやハンドアウトを使用してもらう

UDトークなどの　音声文字変換ソフトの活用

📖 ワーク

自分の職場の音環境について、書き出してみましょう。
聞きやすい環境になるよう、調整できないか考えてみましょう。

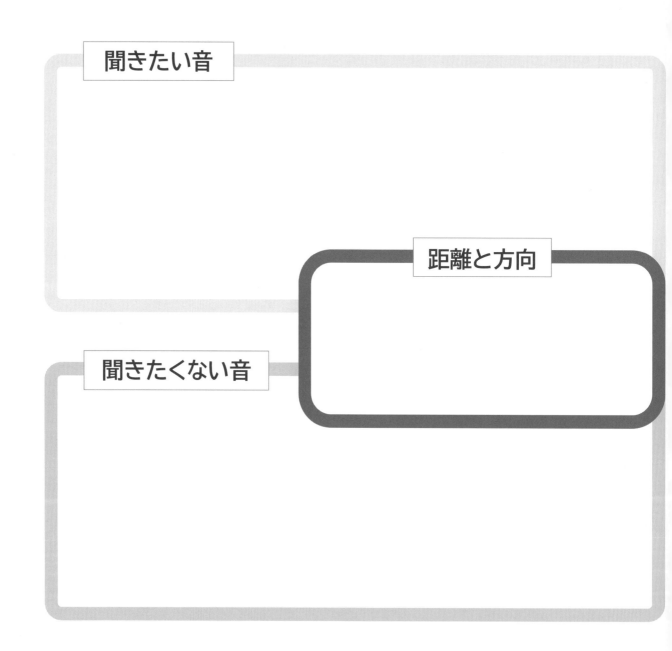

聞きたい音

距離と方向

聞きたくない音

自分でできる対策

周りにお願いしたい対策

📖 ワーク(記載例)

外出先での音環境について、書き出してみましょう。
聞きやすい環境になるよう、調整できないか考えてみましょう。

(記載例)

聞きたい音

家族や一緒に出掛けている相手の声

電車などのアナウンスの音

店員さんが話している内容

距離と方向

相手と近いほど聞き取りやすい

人工内耳や補聴器を付けている側から話してもらう

BGMの音源から離れてもらう

聞きたくない音

道路や駅の構内など

ファストフード店や居酒屋などのガヤガヤした音

大型スクリーンのスピーカーがのうるさい音

店内のBGM

食器のガチャガチャする音

自分でできる対策

ドライブ中や飲食店など、場面に応じてロジャーを活用する

話者の近くにいる

周りにお願いしたい対策

なるべく自分の近くで話してもらう

飲食店はなるべく静かな所や個室を選んでもらう

ロジャーを活用してもらう

STEP 7

4章【環境調整】

外出先での環境を考えよう②

 ワーク

外出先での音環境について、書き出してみましょう。
聞きやすい環境になるよう、調整できないか考えてみましょう。

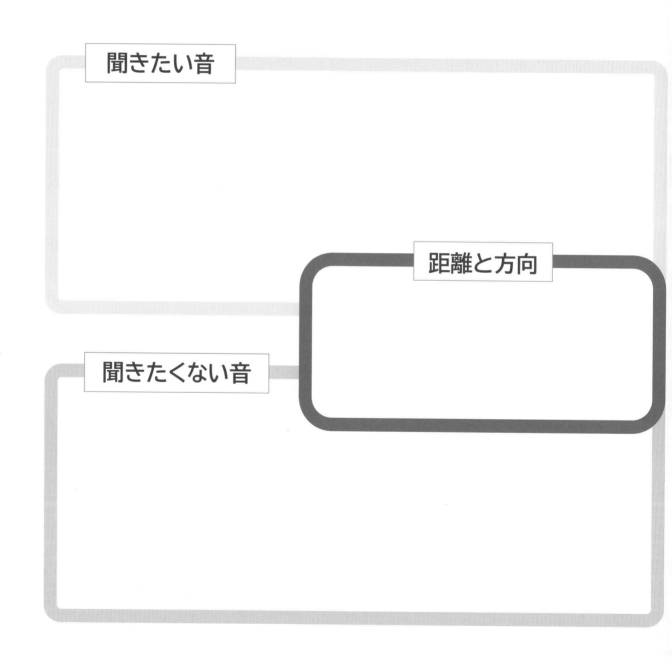

聞きたい音

距離と方向

聞きたくない音

自分でできる対策

周りにお願いしたい対策

4章【環境調整】

家族と過ごす時の環境を考えよう①

📖 ワーク（記載例）

家族と過ごす時の音環境について、書き出してみましょう。
聞きやすい環境になるよう、調整できないか考えてみましょう。

（記載例）

聞きたい音

家族の会話
見たいテレビの音

距離と方向

部屋が違うと聞こえにくい
近くにいる家族の声は聞き取りやすい
リビングなど静かな場所で近くで話してもらう

聞きたくない音

食洗機や食器を洗う音
洗濯機や掃除機の音
家族が騒いでいる声

1章

2章

自分でできる対策

話者の近くに行く

キッチンから遠くで話す

ロジャーやBluetoothを活用する

3章

周りにお願いしたい対策

みんなが見える部屋で話してもらう

ロジャーやBluetoothの使用方法を理解してもらう

4章

5章

📖 ワーク

家族と過ごす時の音環境について、書き出してみましょう。
聞きやすい環境になるよう、調整できないか考えてみましょう。

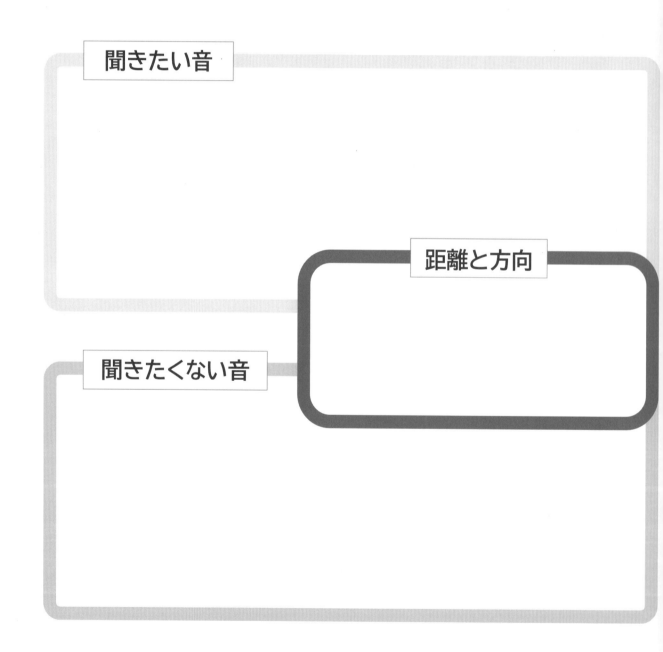

聞きたい音

距離と方向

聞きたくない音

1章

2章

自分でできる対策

3章

周りにお願いしたい対策

4章

5章

家の中での環境調整

▶ 騒音源はどこにある？

騒音源を確認してみましょう。
家庭内の騒音は、どこにありますか？
例えば当たり前に使っている食洗機の音も、
騒音源になりますよね。
テレビを見る時は気にならなくても、複数人で
会話をするときには気になるかもしれません。

探してみよう

窓の外から入ってくる道路の騒音。リビングルームでつけっぱなしになっているTVの音。台所の換気扇。蛇口から流れる水の音。オーブンのファンの音。

家の中も意外と音で溢れています。まずは自分が騒音だな、聞き取りづらくする元だなと感じる音は何か？を考えてみましょう。

次に、できるだけ部屋のどこで会話をするか？どこがうるさいと困るか？などを考えて、自分にとって聞きたい音が聞きやすくなる配置を考えましょう。

騒音源を見つけたら…

聞きたい音は、どちらにあって、騒音源はどこにあるかをまず考えます。例えば騒音源が食洗機だとしたら、その中で自分にとって聞きやすい方法はどんな方法があるか、図を例にするなら、どういうふうに座ったら聞き取りやすいか？を考えてみましょう。

☐　騒音源を止めることはできますか？
　　（例　話をするときは、食洗機を止める）

☐　遮音はできますか？
　　（例　吸音材の入ったついたてを置く、浴室のドアを閉める）

☐　着座位置は変えられますか？
　　（例　聞きたい音を、聞きやすい耳の側にくるようにする）

☐　補聴援助装置（ロジャー等）を使えそうな場面ですか？

☐　話し相手の声の大きさを変えることはできますか？

☐　静かな場所へ移動をすることはできますか？

 メモ

_____

_____

_____

_____

テレワークでの環境調整

▶ テレワークの環境調整

パソコンなどを使ったオンラインミーティングなど、テレワークの際にも聞きやすい環境を整えることが重要です。

主な調整方法としては、ボトムアップ環境調整、トップダウン環境調整、バックアップシステムなどがあげられます。

▶ テレワークの環境調整の仕方

1. ボトムアップ環境調整

ボトムアップの環境調整方法には、以下のようなものがあります。

- 静かな部屋を使う（家の中でも最も騒音の少ない部屋を使う）
- Bluetoothを使った直接接続を行う（事前の音声設定を丁寧に行いましょう）
- マイクは別経路で使う、適宜ミュートにしながら実施する
- マスクを外せる環境でミーティングに参加してもらい、口元がマスクで隠れないようにする

2. トップダウン環境調整

トップダウンの環境調整方法には、以下のようなものがあります。

- レジュメを当たり前に使うような環境にする
- 逆光などの場合は、照明を使ってもらい、相手の表情や口元が分かるようにする
- 「リアクションボタン」などを活用する
- 複数人のメンバーがいる場合は、一度に発言するのは1人、を徹底してもらう
- 必要な場合には、チャット機能を使ってキーワードなどを確認する

3. バックアップシステムの使用

- なるべく速いネット接続にし、遅延が少なくなるようにする
- 音声文字変換ソフトなどの字幕システムを併用する
- 後発議事録を確認する

📓 メモ

外食の場での環境調整

▶ 外食先での環境調整

聴覚活用をしている場合、複数の人が一度に話をする場面では、聞き取りにくくなります。居酒屋などで話をするのは、とても大変です。

どうして居酒屋などの外食先では声が聞き取りにくいのか、紐解いて考えてみましょう。

▶ 外食先で聞き取りにくい原因は？

外食先での聞き取りにくさの主な原因として、以下のようなものがあげられます。

1. 音源の問題

複数の人がランダムに発言するので、どの人の話を聞けばよいのかが分かりにくいことがあります。酔っ払ってきたり、テンションが上がってくると、発話明瞭度が下がるので、こちらも聞き取りにくくなる原因となります。

2. 騒音源の問題

同じテーブルでそれぞれしゃべっているので、「他の会話」が邪魔になることがあります。また、居酒屋などではBGMが大きな音でうるさい場合や、乾杯、突発的な笑い声などで、急に騒音のレベルが上がることがあります。

▶ 聞き取りにくさ対策

どうすれば解決できる？

☐ できれば個室居酒屋で… 居酒屋よりも静かな
雰囲気の店を最初から選ぶようにする。

☐ 話したい人の近くに座る。

☐ ロジャーを使う。

ジョッキをテーブルに置いたときに振動がうるさい
ので、ロジャーを置けるようなクッションを忘れずに
持参しましょう。

また、話している人の首にかけると、そしゃく音が
うるさいので、かえって不快な場合もあります。

☐ BGMが避けられないときには、天井のスピーカー
の場所を確認し、可能な限りスピーカーから離れる
か、背を向ける方向に座る。

☐ ついたてや壁を背にする形にして、隣の席の音が
入らないようにする。

☐ 簡単な手話を覚えてもらう！

酔っ払って垣根が低いときには、「わかる〜！」、
「そうそう」、「一緒、一緒！」と「おしまい」だけ
で、大体の会話はできるかもしれませんね。

聞き取りや会話がしにくい場面①

📖 ワーク

それぞれのシーンの聞き取りにくい場面について、書き出してみよう。

カフェや飲食店

当てはまるものにチェックしよう！
ほかにあれば、書き出してみよう。

☐ うるさい所、BGM音や店内がガヤガヤしているのが苦手

☐ 暗い所や狭い所（読唇・手話がしにくい所）が苦手

☐ テーブルやスペースが小さい（筆談・手話がしにくい所）が苦手

_____

_____

_____

病院

当てはまるものにチェックしよう！
ほかにあれば、書き出してみよう。

☐ マスクなどで口を覆われて話をされるのが苦手

☐ 院内放送での呼び出しが苦手

☐ 医師の説明・看護師の指示が分からない

☐ 入院中の機械音や、体温計の音などが苦手

_____

_____

記入日	年	月	日

会社など

当てはまるものにチェックしよう！
ほかにあれば、書き出してみよう。

- ☐ 食堂や工場など、ざわついて、うるさい場所が苦手

- ☐ 会議など、3人以上の会話が苦手

- ☐ 講義や研修など、1人対複数人で話す場面が苦手

- ☐ 雑談やランチなど、仕事以外でのコミュニケーションが苦手

- ☐ 電話が苦手

- ☐ 初対面の人と会話をするのが苦手

＼苦手な場面が、何個当てはまるのか、数えてみよう／

MEMO

1章

2章

3章

4章

5章

聞き取りや会話がしにくい場面②

 ワーク

それぞれのシーンの聞き取りにくい場面について、書き出してみよう。

車の中

当てはまるものにチェックしよう！
ほかにあれば、書き出してみよう。

- □ 走っているときに、まわりがうるさくて聞き取れない

- □ 自分が運転していると、会話ができない

- □ 後部座席に座るのが苦手

- □ 助手席に座るのが苦手

- □ 複数人になるのが苦手

- □ 外が暗くなるのが苦手

電車の中

当てはまるものにチェックしよう！
ほかにあれば、書き出してみよう。

- □ 走っているときにまわりがうるさくて聞き取れない

- □ 駅の構内がうるさくて聞き取れない

- □ 事故が起きたときなどの車内放送が聞き取れない

その他

他に自分が苦手な場面があれば、書き出してみよう。

MEMO

暮らしで起きる生活音を知ろう①

▶ 生活の中で注意しよう

以下のような生活音は、他人に不快感を与える可能性もあるので、注意しましょう。

室内での生活音

夜中の洗濯機

掃除機の音

テレビの音

歩くときの足音

食器を置くとき、
重ねる時の音

ドアや窓を
閉めるときの音

宅配が来たときの
対応の仕方

室外での生活音

無意識に出している声

金属と金属の
触れ合う音

スマホやPCから
の音量

ボールペンの
ノックの音

場面に応じた
自分の声の大きさ

😕 実際の聴覚障害者の失敗談

実は、生まれつき聴覚障害をもつ私は、音で失敗したことが数多くあります。

就職を機に1人暮らしを始めた私は色々やらかしました…

終電で帰ってきて、そのあとに家事をすると、どうしても夜中の2時ごろに洗濯機を回したり、掃除機をかけることが多々ありました。

そうすると、ある日突然、隣の部屋に住んでいた同期に「昨日も遅かったんだねえ～」と言われたんですね。ええ！なんでわかったの?!と驚いたのですが、「だって夜中に洗濯機を回している音していたから！」と言われたんですね。

壁を隔てれば聞こえなくなると思っていた私はびっくりして、洗濯機の音ってマンションの隣の部屋まで聞こえるの?!とカルチャーショックを受け、そこから一気に音に敏感になったという経験があります。

▶ 音の環境の違いについて

音の種類によっては、それほど大きな音でなくても邪魔になったり、場合によっては響いたり・割れたり等、不愉快に聞こえたりすることがあります。そういった、場面によっては全く気にならないのに、静かな所だと気になる音もありますし、特定の音が苦手、に思われていることもあります。聴覚障害当事者は意外と気づいていない音もたくさんあります。

例えば、考え事をしている際に、何度も何度もボールペンをカチカチとノックしている音や、机にコツコツ・・・と繰り返しあてているような音は、集中力が妨げられるので、不快に感じる人もいます。

お皿を洗う時に、水を出している音や食器が当たる音も、うるさい！と思うくらいの音から、普通だと思う音まで、さまざまな音があります。ただ、どうしても通常どのくらいの音が出ているのか？を認識していない場合、大きすぎる音が出てしまうことがあります。

聴力に左右差があったり、補聴方法が左右で違ったりするときには、話し手の方向や音源との距離で話しやすさがずいぶん違います。そういったことも意識してみましょう。

暮らしで起きる生活音を知ろう②

▶ 職場で注意しよう

以下のような音は、他人に不快感を与える可能性もあるので、注意しましょう。

職場での生活音

貧乏ゆすり

足が地面に
当たるときの音

椅子に
座るときの音

オフィスのドアの
開け閉め

ハンガーにコートを
かけるときの音

ポケットの中の
小銭がなる音

引き出しの開け閉め

ボールペンノック

マジックの
キュッキュッの音

PCのキーボード音

書類を
整えるときの音

咳払いの音

独り言＆溜息

スマホを机に
置いているときの振動音

食べるときの音

😟 実際の聴覚障害者の失敗談

ポケットの中の小銭がチャリチャリとなる音、ため息の音、ボールペンのノック音、どれも場所によっては気にならないくらいの大きさです。

ただ、マナー的にそう言った音を出さない方がいい場所があります。そう言ったことを知らずに静かな場所で耳障りな音を出してしまい、職場の人に注意をされたことがあり、初めてこういった小さい音でも場所や人によっては不快に感じる音がある、ということを知りました。

パソコンのキーボードの音なども説明されないと気にならなかった音だったので、今後働く上でより注意していこうと思っています。

📖 ワーク

ほかに思いつくものを書き出してみましょう。

_____

_____

_____

_____

_____

_____

_____

会社に申し入れるお願いリスト①

▶ 会社側でできることは何？

☐ 聴覚障害者の席は聞きやすく、周囲がわかりやすい席にする。

☐ 良かれと思ってやるのではなく、できるだけ本人に確認
　してから決定する

☐ 事前に聞こえのことをどこまでオープンにしたいのかを確認する。

☐ 名刺や電話帳などに聴覚障害があることを明記する。

☐ できないことと、できることを明確にする。

☐ チャットやテキストを有効的に活用できるような環境にする。

▶ 前もって会社に伝えておこう

職場に前もって伝えておくと働きやすくなる項目をリストアップしました。会社にお願いする際に使ってみてください。

円滑に仕事を進める上で、周囲の方々にお願いしなければいけないことがあります。一口に難聴といっても、私の場合には以下の様な環境上での配慮がいただけると助かります。下記の項目のうち、☐にチェックがある様な項目についての配慮があれば、私の場合スムーズに仕事がし易くなると考えています。ご協力いただけますよう、お願い申し上げます。

1. 基本的なコミュニケーションについて

☐ 常に聞こえる耳の側(　　　　側)から話しかけて下さい。

☐ 声かけや、人の気配に気づかない事があります。必要な場合には合図(肩を叩く、指さしで指示する)で教えて下さい。

☐ どこから音がするか、わからないことがあります。探していたら、音の出る方向を教えて下さい。

☐ 音の反響がある場所や周辺がうるさいと聞き取りにくい事が多いので、そうした場所での会話は避けて、静かな場所に移動したあとで内容を教えて下さい。

☐ (お願いした場合には・職場では常に)、リモートマイクを使って下さい。

☐ 大切な内容ではリスピークがあると助かります。

☐ 数字など、聞き間違いやすい内容は、文字で再確認させて下さい。

□ 口の形が見えると会話の時のヒントになります。口元を見えるように照明やマスクの調整をお願いします。

□ 音声のみでの会話は困難なので、（常に・必要な場合には）筆談や手話通訳をお願いします。

2. 情報保障について

1　　ノックなど、生活上の合図となる音が聞こえないので、配慮をお願いします。

□ 事務所などのドアホンを、ストロボなどで確認しやすい様にして下さい。

□ 更衣室などの入り口でストロボ等の信号を使った呼び出しをお願いします。

□ トイレや会議室のドアが無人の時に開いているようにして下さい。

□ 始業の合図など、音を使った信号について再考して下さい。

2　　食堂や休憩所など、非事業エリアでの情報保障をお願いします。

□ テレビなどの情報機器に字幕の表示をお願いします。

□ テレビなどの情報機器に無線機器を接続させて下さい。

□ 食堂等での注文に対話が必要無い様にして下さい。

3　　筆談

□ 日常的に筆談器具の準備をお願いします。

□ 重要な会話では筆談をお願いします。

□ 会議ではレジュメやキーワードリストをお願いします。

□ 事務連絡は基本的にメールでお願いします。

□ 筆談でも難しいことがあります。手話通訳をお願いします。

4　　リモート会議について

□ リアルタイムの手話通訳・要約筆記をお願いします。

□ 録音・録画で対応させて下さい。

□ 人工内耳・補聴器を接続する為に事前の打ち合わせをお願いします。

□ 電話リレーサービスを使わせて下さい。

□ 音声文字変換ソフトを使わせて下さい。音声文字変換ソフトでは変換の遅れがあるので、リアルタイムでは会議に参加出来ない事があります。

会社に申し入れるお願いリスト②

▶ 前もって会社に伝えておこう

3. 仕事の内容について

1　騒音源の同定

☐（　　　　　　　）が騒音源となって聞き取れない事があります。

☐（　　　　　　　）では音が反響して聞きにくい事があります。

☐（　　　　　　　）では周りの人の声が騒音になります。

2　騒音対策

☐ 出来れば騒音源である（　　　　　　）を遠ざけて下さい。

☐ 騒音の元に（カバーをする・制震ゴムを使う）をして下さい。

☐（音の吸収剤を使う・衝立を使う）をして、音の反響を避けて下さい。

☐（　　　　　　）の部屋では（反響・周辺雑音）が多く聞き取れません。私の参加する会議などでの使用を避けて下さい。

4. 社内の連絡手段として

☐ 内線など、音声での社内連絡は特に問題無く可能ですが、時にサポートが必要な場合があります。

☐ 無線通信機器の併用が連絡には有効です。日頃からBluetooth機器の接続をさせて下さい。

☐ 社内の連絡は基本的に文字ベースでお願いします。

　　☐ LINE等（　　　　　）のDMを使う
　　☐ 電子メールを使う
　　☐ メモを使う
　　☐ その他

5. 電話対応について

☐ 電話対応はほとんど行う事が出来ません。他の仕事を振り分けるようにして下さい。

☐ 電話リレーサービスを使えば電話対応が可能です。特定の連絡先とはこうしたサービスを使わせて下さい。

☐ 補助手段として（　　　　　　）を使えば電話対応が可能です。特定の機器に専用の機械を接続させて下さい。

☐ 特に問題無く電話対応が可能ですが、時に支援が必要になることがあります。そうした場合のバックアップをお願いします。

6. 窓口対応などについて

☐ 窓口対応はほとんど行う事が出来ません。他の仕事を振り分けるようにして下さい。

☐ 筆談があれば窓口対応を行う事が出来ます。窓口に筆談の準備をお願いします。

☐ 補助手段として（　　　　　　）を使えば窓口対応は可能です。リモートマイクを置かせて下さい。

☐ 特に問題無く窓口対応は可能ですが、時に支援が必要になることがあります。そうした場合のバックアップをお願いします。

7. 会議などについて

☐ 会議にはまず参加することが出来ません。申し送りなどで必要なことがあれば、後で文書を用いた説明をお願いします。

☐ 会議に参加することは出来ますが、会議の前後でレジュメなどの文字情報を確認させて下さい。

☐ 音響機器を使えば会議に参加することができます。（会議の際の音響システムにリモートマイクを接続させて下さい。会議の内容をリモートマイクでリスピークして下さい）

☐ 特に問題無く会議に参加することはできますが、時に支援が必要な場合があります。そうした場合にはバックアップをお願いします。

8. その他

☐ 必要な場合には（要約筆記・手話通訳）の同席を許可して下さい。業務上必要な場合には守秘義務契約に署名してもらっておきます。

☐ 必要な場合には会話内容などの録音を許可して下さい。録音内容は個人の理解に用いるのみで、確認後は直ちに消去します。

☐ 必要な場合には、電話リレーサービスの使用を許可して下さい。

☐ 必要な場合には、UDトーク等での音声文字変換ソフトの使用を許可して下さい。その場合、どうしても変換の遅れがあるので、なるべくゆっくり話すようにして下さい。

1章
2章
3章
4章
5章

会社に申し入れるお願いリスト③

▶ 前もって会社に伝えておこう

緊急時の対応について

1. 社内での緊急時（地震・火災など）

- ☐ 緊急時避難の手順についてあらかじめ教えて下さい。警報ベルや社内放送などが聞こえない事があります。

- ☐ 緊急時の避難経路などについて、あらかじめ教えて下さい。視覚的な避難経路の掲示をあらかじめお願いします。

- ☐ エレベーターの緊急停止などで緊急に連絡を取る必要が出来た場合の手段について確認させて下さい。

2. 社外での緊急時

- ☐ 悪天候の予定変更があった時など、緊急連絡方法を確認させて下さい。電話等での連絡は困難です。使える方法は
    - ☐ LINE等（　　　　　）を用います。（連絡先：　　　　　）
    - ☐ その他のダイレクトメッセージ機能を使います。（連絡先：　　　　）
    - ☐ 携帯電話のショートメッセージ（連絡先：　　　　）
    - ☐ 電子メール（連絡先：　　　　）
    - ☐ FAX（連絡先：　　　　）
    - ☐ 電話リレーサービス（連絡先：　　　　）

- ☐ 仕事上での急な打合せが生じた場合など、準備していない連絡の必要が出来たとき、会社側として対応可能な方法と連絡先を教えて下さい。
    - ☐ LINE等（　　　　　）を用います。（連絡先：　　　　）
    - ☐ その他のダイレクトメッセージ機能を使います。（連絡先：　　　　）
    - ☐ 携帯電話のショートメッセージ（連絡先：　　　　）
    - ☐ 電子メール（連絡先：　　　　）
    - ☐ FAX（連絡先：　　　　）
    - ☐ 電話リレーサービス（連絡先：　　　　）

📖 ワーク

ほかに思いつくものを書き出してみましょう。

緊急時の対応は特に大事！

聴覚障害者のことを考えた避難を想定できていますか？ 放送が聞こえない、内容がわからない場合、周りもパニックな中でどうサポートできるか？を考えましょう。

例えば、チャットでの連絡、聞こえない人だと示すバンダナをつける、アップルウォッチをつけてもらって、いざという時はそこに緊急連絡・緊急警報を伝えるなどのサポートがあります。

 メモ

5章

コミュニケーション
について

STEP 1

5章【コミュニケーションについて】

基本的なコミュニケーション

▶ ## 色々あるコミュニケーション方法

1. 日本手話

ろう者同士のコミュニケーションの手段として使われている独自の文法体系を持つ言語で、日本語の文法とは大きく異なるもの「伝統的手話」とも呼ばれます。

2. 日本語対応手話

音声言語である日本語の文法に合わせて手話の単語を一語一語置き換えていくものです。

3. 指文字

50音、ひとつひとつの文字に手の形を対応させて視覚的にわかるようにするものです。手話単語にない単語は、指文字を使って一字一字ずつ書記言語の綴りを表現します。

4. キューサイン

日本語の行にあたる部分を手の形で示し、発話時に併用します。

5. ジェスチャー

日常で自然に用いられる身振りのことです。

6. 文字情報

筆談、PCテイクや音声認識などを活用し、視覚的に文字が出るようにすることです。

7. 読唇

唇の形や頬の動きなどを見て、何を話しているのかを理解します。

8. 聴覚活用

補聴器や人工内耳などを活用して、耳で音を聞き、音声言語を操ります。

▶ 自分のわかりやすいコミュニケーション方法を 相手に伝える必要がある！

わかりやすいコミュニケーションの方法は個々に異なります。

例えば、読話や聴覚活用を併せて使っている人でも「ゆっくりはっきり話してもらったほうが良い」という人もいれば、「読話が得意なので、普段どおりの速さで話してほしい」という人や、「うるさくなければほとんど耳で聞き取れる」など、さまざまです。だからこそ、周囲からするとどう伝えたらいいのか混乱してしまいます。加えて、どういった対応が必要かを、本人が客観的にわかっていないと的確に伝えることはできません。しっかり自分のコミュニケーション方法を相手にわかりやすく伝えられるようにしましょう。

▶ 時と場合によって伝え方や手段は変わる！

仕事や生活の状況によっては、PCテイクや手話通訳など情報保障ができる場面と、できない場面がどうしても生じてきます。

カフェでコーヒーを頼んだ時、ホットかアイスか聞かれたけど分からなかった…。そんなときはジェスチャーで「聞こえないんです」とやってもよいかもしれないですし、「耳が聞こえないので、もう一度はっきり言ってもらえますか？」と言ってもいいですよね。

仕事の場面だと、もっと詳しく自分がどれくらい聞こえないかを伝える必要があります。電話は出来ないが、静かな環境で2-3人程度までであれば会議ができる。4人以上になると聞き取れなくなるのできびしい…　といったふうに、伝える内容が変わってきますね。

📖 ワーク

実際に自分が日常で使う場面を想定して、どんな手段をどのくらい活用しているか？を書き出してみましょう。
意外と場面に応じて臨機応変に対応していると思います。

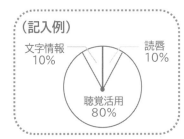

（記入例）
文字情報 10%　読唇 10%
聴覚活用 80%

<u>普段日常生活のコミュニケーションで使っている割合</u>

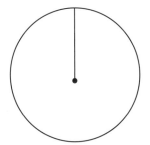

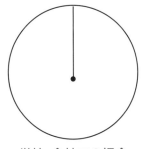

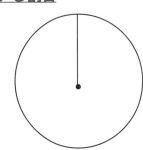

騒がしい場所（カフェや駅など）の場合　　学校・会社での場合　　家庭内など気心知れている相手の場合

1章
2章
3章
4章
5章

コミュニケーションについて

▶ コミュニケーションのポイント

同じ補聴器や人工内耳を活用していたとしても、コミュニケーションの方法はひとりひとり異なります。コミュニケーションが楽にとれる相手や人数、話題、場所や座席位置も人によって違います。自分にとって楽なコミュニケーションと苦手なコミュニケーションについて整理してみましょう。それを相手に伝えることが円滑なコミュニケーションの第一歩です。

ワーク

楽なコミュニケーションと苦手なコミュニケーションについて考えてみましょう。

① どんなコミュニケーション・場所が楽ですか？

（コミュニケーションの方法については、前のページを見てみましょう。）

② どんな内容だと会話がはずみますか？

（例えば、趣味や好きなアイドルの話など）

③ どんな方法や場所、内容は苦手ですか？

▶ 苦手な理由を考えよう

コミュニケーションには相手がいます。この人とだったらコミュニケーションがとりやすいとか、ちょっと苦手とかありますよね。それには、理由があるはずです。

例えば、しっかり口を開けてくれる。ややゆっくり話してくれる。最初に結論を言ってくれる。言いたいことが分かりやすい。共通の話題があるなどです。苦手な理由を考えてみましょう。

 ワーク

コミュニケーションがとりやすい人のことを思い出し、理由を書き出してみよう。

① コミュニケーションがとりやすい人は、誰ですか？

② それは、どうしてですか？

声の大きさや話し方（口の開け方）、話す内容やことばや文の用い方などからも考えてみましょう。

「〇〇さんみたいな話し方が聞き取りやすい」のように具体的な話し方の例を伝えると、わかりやすいです。

1章
2章
3章
4章
5章

5章【コミュニケーションについて】
わかりやすい呼びかけのポイント

▶ 呼びかけてもらう時のポイント

1. 体に触れるのは今の時代はNG

「聴覚障害があるとトントンしましょう」、「肩を叩いてください」とお願いする方がいらっしゃいますが、幼少期はともかく、社会に出るといきなり肩を叩くのは失礼に当たるケースがあったり、びっくりしてしまうことがあります。(例えば、50代の男性の上司が、20代の若い女性の肩を叩くのはセクハラと言われそうでできない…など)できるだけ視界に入る範囲で手を振ってもらう、など、視界に入る範囲で何かしてもらうようにお願いすることがよいです。

2. 1アクションを起こしてから！

もう一つは、話しはじめの時に名前を呼んでもらったり、なにかしら1アクションをして話しかけてもらうようにお願いしましょう。

聞こえる人はすぐに本題を話してしまいがちですが、最初の冒頭が聞きとれなかったり、気づかないと"何の話か？"がわからなくなってしまいますよね。そういった事を避けるためにも、話す前に1アクションをしてもらうとぐっとわかりやすくなります。

3. 苦手な場所や手段の場合はそれを率直に伝えてみよう

話しかけてもらった時に、例えばマスクをしていて聞き取れない、モゴモゴと話をされてわからない、紙に書いてほしい…など、相手の言うことがわからない場合は、その旨をしっかり相手に伝えるようにしましょう。遠慮して言えない…という方が多いですが、最初に伝えたほうが結果的にわかってもらえることが多いです。

😟 よくあるトラブル

聴覚活用できると、状況によっては呼びかけに反応できることがあります。すると、周囲を混乱させてしまうことがあります。つまり、(いつもは)振り向くのに、(今日は)振り向かない！無視したのかな？という風に思われるのです。当事者は、状況によっては呼ばれていることにそもそも気づいていないので、相手がそう思ったとしても気づくことができません。結果として、すれ違いが生じてしまいトラブルになることがあります。聴覚活用ができる人ほど、「状況によっては聞こえないことを周りの人に丁寧に伝えていく」必要があります。

▶ わかりやすく話してもらえるポイント

どういう風に話しかけてほしいでしょうか？

「普通に話してほしい」と言ってしまう方が多いのですが、この「ふつう」とは具体的にどういうことなのかを伝えないといけません。

例えば、読話中心の方であれば、うるさい場所や静かな場所などは関係なく、口をはっきり動かしてくれたほうがわかりやすいが、スピードをゆっくりにされてしまうとわかりにくい。髭が生えていたり、年配の方などはもごもごしていて、口が読み取りにくかったり、マスクをされると全くわからない、という風になります。

聴覚活用中心の方であれば、うるさい場所ではわかりにくくても静かな場所の場合は耳で聞くだけでほとんどの会話が成り立つ、似ている言葉を聞き間違えたり、はじめて聞く言葉は苦手、声が小さすぎたり、ボソボソ話をされると聞き取れなくなってしまう、などです。自分の苦手なことを具体的に話せるようにしてみましょう。

📔 ワーク

場面によって話す内容を短くしたり、簡潔にしたりする必要があるので、それぞれのパターンを書き出してみよう。

（例）初対面で難聴のことを説明する時
　　　耳が聞こえないので、なるべくはっきりとした声で、顔を見て話してほしいです。声を大きくする必要はないですが、聞き取れていなかったらもう一度言ってもらえると嬉しいです。

初対面で難聴のことを説明する時
_____
_____

今後も深く付き合う人に説明する時
_____
_____

受診時や来店時などで説明する時
_____
_____

5章【コミュニケーションについて】

職場に自分の聞こえを伝える方法

▶ 自分の聞こえについて伝えよう

自立とともに、自分の聞こえについて周りに話していく必要が生じてきます。

聞こえは、個々に異なります。同じ聴力であっても、情報の取り方はひとりひとり違います。多くの人は、聴覚障害者に普段そこまで接したことがありません。

なので、「耳が聞こえないんです」と言われても、どうしたらいいのかがわからないことが多いでしょう。相手がこんなふうに接してくれたら話しやすいなあと思うことを、的確にわかりやすく伝える必要があります。

📓 ワーク

自分にとってどんなふうに話してもらうのが一番わかりやすいですか？
内容にチェックをつけましょう。

☐ 大きめの声で話す　　　☐ 口を見せて話す

☐ ゆっくり話す　　　　　☐ 普通のスピードで話す

☐ はっきり話す　　　　　☐ 表情豊かに話す

☐ 身振り付きで話す　　　☐ 書いてから読み上げてもらう

☐ 書きながら話す　　　　☐ 音声文字変換などで話してもらう

では、さきほどチェックした内容を見ながら、相手に伝える言い方を考えましょう。
例えば、このような言い方ができます。

（例）

・ 小さい声が聞き取りにくいんです。もう少し大きく話してもらえますか。

・ 口が見えると聞きやすいので、前に来て話してもらえますか。
　（マスクを外してもらえますか）

・ 言葉がわかりにくいので、言葉で切って話してもらえますか。

・ 名前や場所は聞き取りにくいので、書いてもらえますか。など

📖 ワーク

「聴力が〇〇デシベルなので、聞こえないんです」と言っても、多くの人はわかりません。どのように聞こえているのかきちんと伝えるため、過去の失敗例や工夫例、成功例を書いてみましょう。

（例）

　　耳が聞こえないんです。というと、耳元で大声で怒鳴って話してこられた。かえって分からなくて困ってしまった。なので、次からは普通の声の大きさで、はっきり向き合って話してほしいと伝えた。

相手の発話が終わったら、自分が聞こえたとおりにポイントを復唱しましょう。

自分が理解したことを相手に伝えましょう。聞いたことやわかったことをメモし、相手に見せるのも1つのやり方です。

あなたがどのように聞いて理解したのかを伝えることが、あなたの聞く力を相手に知らせ、どのように話せばよいかを相手に考えさせるきっかけとなります。

あした1時にね！／はい！／2時！

5章【コミュニケーションについて】
良好なコミュニケーション

▶ 良好なコミュニケーションとは

会話がいったり来たりして話題が広がったり深まったりするときに「良好なコミュニケーションが取れている」と考えます。一方的に話したり、どちらかが相槌ばかりうっているときには、本当の意味でコミュニケーションが良好であるとはいえません。

会話例を見て、良好なコミュニケーションかどうか考えてみましょう。ヒントは、その会話のあとに困らないかどうかです。

📓 ワーク

会話例を見て、コミュニケーションが良好だと思えば、チェック(✓)をつけましょう。
どんなコミュニケーション方法を用いているか書いてみましょう。

A： この仕事、お願いね。
B： はい。
A： 7時に、取りに来てくれると思うから。
B： ええ。

（1） 上記は、良好なコミュニケーションでしょうか？

 （   ） 良好

 （   ） 良好でない

（2）（1）を選んだ理由は、なんでしょうか？

_____

_____

（3） 用いているコミュニケーション方法はなんでしょうか？

_____

_____

<u>回答例</u> 良好でない。あとで、7時だったか1時だったか迷わないかな？
    誰が取りに来るのか確かめなくていいのかな？

▶ 良好なコミュニケーションにするには

返事だけや相槌だけの会話は、会話が続いてない状態（コミュニケーションブレイクダウン）と考えます。本当はわかっていないのに返事をしてしまったかもしれません。この場合、以下の会話のように、仕事内容や時間、取りに来てくれる人の名前など確認する会話を継続させる必要があります。

A：　この仕事（メモを渡しながら）、お願いね。
B：　この仕事ですね。コピーをしておけばいいんですよね。
A：　7時に、取りに来てくれると思うから。
B：　（メモしたのを見せながら）1時ですね。誰が来るんですか？
A：　違う違う。（指で）7時よ。田中さんよ。
B：　（書き直したメモをみせて）7時ですね。いつも来る眼鏡をかけた田中さんですね。

📖 ワーク

上記の会話の、コミュニケーションの方法とやり取りのいいところを考えましょう。

（1）　どんなコミュニケーションの方法でしょうか？

_____

_____

（2）　上記のやりとりの、いいところはどんなところでしょう？

_____

_____

_____

_____

<u>回答例</u>　　・相手の会話を繰り返している。
　　　　　　・確認する言い方をしている。
　　　　　　・聞こえたところは伝え、不明なところは聞き返している。
　　　　　　・自分が田中さんについて知っていることを付け加えて言うことで、
　　　　　　　情報をより確実にしている。
　　　　　　・間違えやすい数字や名前は、書いて確かめている。

1章

2章

3章

4章

5章

▶ より円滑なコミュニケーションとは

会話を始めるときには、なぜその会話をする必要があるのか、会話の背景を伝える必要があります。例えば、以下の会話を見てください。

　　Aさん：　あの、どこに住んでいるんですか？
　　Bさん：　（突然、なに？）

この場合、Aさんが最初に、「こんにちは、実はこの前、〇〇でお見かけしたんです。私は近くに住んでいるんです」などと言っておけば、Bさんは驚かなくて済みますね。

📓✏ ワーク

自分のこれまでを振り返って、え？なんの話？などと聞かれたことはないか、その時の会話はどんな感じだったかを思い出して書いてみましょう。

（例）

　　　　Aさん：　3時までにすればいいんですよね。

　　　　Bさん：　（突然、なに？）

_____

_____

_____

「お忙しいところ、すみません」「ちょっと、いいですか？」という前置きは、相手を気遣う意味があるので、会話をスムーズにするのに大事です。

「さっき、仕事を頼まれたのだけど、急ぎの仕事があって…」と会話の背景を伝えると、どうして時刻を確かめたのか、相手に伝わります。会話の最初で内容の背景を伝えると、伝わりやすくなります。

例えば、「昨日の会議の内容ですが」「今日の業務ですが」のように、今から話す内容の背景を先に伝えます。相手は背景がわかることで内容を予測できるので、話がお互いに理解しやすくなります。

📖 ワーク

仕事をする上で心掛けている会話の仕方があれば、書き出してみましょう。

_____

_____

_____

_____

話の内容がよくわからないとき、もう一度尋ねたり確かめたりすることを訂正方略(コミュニケーションリペアストラテジー)といいます。訂正方略の3つの種類を紹介します。

① 聞き返し　　（例）「何？　もう1回言って」

② 繰り返し　　（例）相手の言葉を繰り返して言う。

③ 確認　　　　（例）自分が分かったことを伝える。（最も確実な方法です）

📖 ワーク

相手の話がよくわからないときに、どんな訂正方略を使ったことがありますか？また、これからどんな時に使ってみようと思いますか？書き出してみましょう。

_____

_____

_____

_____

仕事でのコミュニケーション①

▶ 意識したほうがいいポイント

自分にとって楽なコミュニケーション、苦手なコミュニケーションについて整理することは、円滑なコミュニケーションの第一歩です。以下の項目で当てはまるものにチェックをつけてみましょう。

全体共通

☐ 声が高い人や女性の方がわかりやすい

☐ 声が低い人や男性の方がわかりやすい

☐ 声が大きい人の方がわかりやすい

☐ 声が通る人の方がわかりやすい

☐ 2メートル以上離れると遠くてわかりにくい

☐ 専門用語が多いと難しい。専門用語はできるだけ書いてほしい

☐ 会議室など、静かな場所で話してほしい

☐ 場所はどこでもいいが、明るい場所で話してほしい

☐ 聞き取りやすい耳の方から話してほしい

☐ できるだけ音声文字変換や筆談など文字情報を使ってほしい

☐ ロジャーなどデジタルワイヤレス補聴援助システムを使ってほしい

☐ ハキハキと、ゆっくりめに話してほしい

☐ 普通のスピードで話してほしい

☐ マスクをとって話してほしい

☐ フェイスシールドやパーテーションで口が見えた方がいい

☐ マスクの方が声が聞きやすいのでマスクで話してほしい　　　　　など

記入日	年	月	日

1. 少人数の打合せのとき

- ☐ 1対1でも、1対2でも少人数であれば困らない
- ☐ 1対1だと困らないが、1対2だと少ししんどい
- ☐ できれば小さめの会議室などで、近くで話してほしい
- ☐ 会議室など、静かな場所で話してほしい
- ☐ 場所はどこでもいいが、明るい場所で話してほしい
- ☐ できるだけ音声文字変換や筆談など文字情報を使ってほしい
- ☐ ロジャーなど補聴援助システムを使ってほしい
- ☐ フェイスシールドやパーテーションで口が見えた方がいい
- ☐ マスクの方が声が聞きやすいのでマスクで話してほしい　　　など

2. カフェなどの出先での打合せのとき

- ☐ 店員さんのいうことがわからないのでメニューが頼みづらい
- ☐ うるさい所は聞き取れないので、静かな場所にしてほしい
- ☐ 暗い所は読唇がしづらいので、明るい場所がいい
- ☐ 近くで人がガヤガヤ話しているとわからないので個室がいい
- ☐ 向かい合わせで座って話してほしい
- ☐ 聞きやすい耳の方が聞こえるので、隣に座ってほしい
- ☐ 事前に聞こえないことを知っておいてほしい
- ☐ できるだけ音声文字変換や筆談など文字情報を使ってほしい
- ☐ ロジャーなどデジタルワイヤレス補聴援助システムを使ってほしい　　　など

— 117 —

仕事でのコミュニケーション②

▶ 意識したほうがいいポイント

3. 4人を超える打合せのとき

☐ 広すぎる会議室よりは人数に合った会議室がいい

☐ プレゼンする人の近くに座りたい

☐ プレゼンする人の口元が見えるような位置に座りたい

☐ 議事録者の隣に座りたい

☐ 話をする時は手を上げてから発言をしてほしい

☐ 会議が終わった後にメンバーに確認できるようにしてほしい

☐ ○人以上になると厳しいので、必ずフォローをしてほしい

☐ 事前に議題をメールなどで共有してほしい

☐ 音声文字変換や筆談など文字情報を使ってほしい

☐ ロジャーなどデジタルワイヤレス補聴援助システムを使ってほしい

☐ できるだけ投影ではなく紙の資料で共有してほしい

☐ 資料を見せながら話をしないでほしい

4. 研修などで講義を聞くとき

☐ 資料を当日共有ではなく事前共有してほしい

☐ スライドなどの投影資料の情報量を多めにしてほしい

☐ 全くわからないので、手話通訳か要約筆記を手配してほしい

☐ 音声文字変換を活用してほしい

☐ ロジャーなどのデジタルワイヤレス補聴援助システムを使ってほしい

☐ マイクで口元が見えないのでマイクを下げて持ってほしい

☐ グループワークなどは、なしにしてほしい

☐ グループワークの時はパーテーションなどで区切ってほしい

☐ グループワークのときは別室でやらせてほしい

仕事でのコミュニケーション③

📖ワーク

先ほどチェックボックスでチェックしたものを参考にしながら、自分なりに付け加えて伝えたいことを分かりやすく書いてみましょう。

1. 少人数の打合せのとき

_____

_____

_____

_____

_____

_____

2. カフェなど、出先での打合せのとき

_____

_____

_____

_____

_____

_____

📓ワーク

3. 4人を超える打合せのとき

_____

_____

_____

_____

_____

_____

4. 研修などで講義を聞くとき

_____

_____

_____

_____

_____

_____

オンラインでのコミュニケーション①

▶ 意識したほうがいいポイント

オンラインでコミュニケーションをとる際は、直接コミュニケーションをとるときと違ったポイントを意識する必要があります。円滑なコミュニケーションのため、以下の項目で当てはまるものにチェックをつけてみましょう。

全体共通

☐ 話す時にBluetoothの補聴機器などで繋いで環境調整をする

☐ PCのスピーカーのマイクではなく口元で話すようなマイクを使用してもらう

☐ ネット環境のいいところで繋いでもらう

☐ 音声のみではなく、映像は必ず出してほしい

☐ 背景を変えると口の形が見にくいので避けてほしい

☐ 特定のアプリで使いやすいものがある
　（Googleミート、 ズーム、 フェイスブック、 ライン電話、など）

☐ 参加者は後ろが静かなところで参加してほしい

☐ 話す人以外はミュートにしてほしい

☐ 声が高い人や女性の方がわかりやすい

☐ 声が低い人や男性の方がわかりやすい

☐ 声が大きい人の方がわかりやすい

☐ 声が通る人の方がわかりやすい

☐ ハキハキと、ゆっくりめに話してほしい

☐ 普通のスピードで話してほしい

☐ 音声文字変換を活用してほしい

☐ 遠隔手話通訳・要約筆記を活用してほしい　　など

1. 少人数の打合せのとき

- □ ネットの回線が弱い時は少し待ってから話してほしい

- □ わからなかった時はチャットで打ってほしい

- □ 音声認識を確認するために一拍置いてから話してほしい

- □ 画面をできるだけ明るくしてほしい

- □ 議題や大切なところは事前にテキストで打ってほしい

- □ 画面共有をすると顔が小さくなるので、できれば事前に資料をもらって画面共有は使わないでほしい

- □ 資料、顔を見るために、2つのデバイスから入れるようにしてほしい

2. 複数人での打合せのとき

- □ 1人ずつ手を上げて話してほしい

- □ 誰が発言者かわかるように話す前に名前を言ってほしい

- □ 途中でリアクションをするときは音声ではなく、アクションボタンなどで対応してほしい

- □ フォローに回れる人がいたら、チャットで流れだけでも打ってもらう

- □ 全体の流れをチャットの議事録などでまとめてもらいたい

- □ 音声文字変換が認識するように、はっきり話してもらいたい

- □ 議題をそれぞれが事前に共有してほしい

- □ 資料、顔を見るために、2つのデバイスから入れるようにしてほしい

- □ 画面共有をすると顔が小さくなるので、できれば事前に資料をもらって画面共有は使わないでほしい

オンラインでのコミュニケーション②

▶ 意識したほうがいいポイント

3. 一方的に研修を聞くとき

☐ 事前に研修の資料を共有してほしい

☐ 当日の画面共有を最小限にしてほしい

☐ 研修講師のマイクから直接音声文字変換につなげたい

☐ 研修内容をチャットでフォローしてほしい

☐ グループワークなどではチャットや文字情報でのフォローがほしい

☐ 質疑応答は、最初に話す人が手を上げて、固定してから話してほしい

☐ 遠隔での手話通訳・要約筆記を入れてほしい

☐ 前撮りだった場合は字幕(フルテロップ)を入れてほしい

4. ズームではじめましての人と会うとき

☐　事前に聞こえないことを伝えておく

☐　ネット環境やマイク環境を整備してもらうことを伝える

☐　聞こえない場面を書いて、メールで連絡しておく

☐　議題を事前に詳細まで詰めておく

☐　遠隔での手話通訳・要約筆記を入れてほしい

☐　メモしながら書くのが難しい場合、ワンテンポ待ってもらったり
　　PCでメモができる時間が欲しい

オンラインでのコミュニケーション③

📓 ワーク

実際に会社で働くときに、働きやすい場所や自分に合った対策を考えてみましょう。
人によって出来る、出来ない部分が違うので、一緒に働く同僚や部下に具体的に伝えられるとより働きやすくなります。

1. 少人数の打合せのとき

_____

_____

_____

_____

_____

2. 複数人での打合せのとき

_____

_____

_____

_____

_____

📓 ワーク

3. 一方的に研修を聞くとき

_____

_____

_____

_____

_____

_____

4. ズームではじめましての人と会うとき

_____

_____

_____

_____

_____

_____

5章【コミュニケーションについて】
職場でできる工夫①

▶ 聞こえの限界

補聴器や人工内耳を用いても、聞こえには限界があります。特に、雑音下での会話の難しさがよく知られています。また、相手によってわかりやすさが異なります。大きめの声ではきはき話してくれる相手と、ぼそぼそと話す相手では、わかりやすさが異なります。このような聞こえに関する困難さは、自分では頑張りようがないことがあります。しかし、相手が理解し、協力してくれることで解決することも多いものです。

自分が今困っていることを例に出し、①自分でできそうなこと、②自分ではできないこと、③依頼できそうなこと、④どうしようもないこと、⑤聞こえとは関係ないこと、を区別してみましょう。

（例）困っていることはどんなことか、まず洗い出そう！

- オープンスペースな会社で、コピー機の近くで話し合いが行われる

- 途中でコピーされると会話が聞き取りにくく困っている

- また、会議が長く、雑談も多いため会話についていけず、趣旨もよく理解できないまま終わってしまうことが多い

1. 自分ができそうなこと

- 静かな場所で話すことを提案する

- コピー機の近くだと聞こえづらいことを伝える

- コピー機よりも遠くの静かな場所に移動する

- 会議の議題を事前にまとめて送るように促す

- 会議でわかりにくいポイントをしっかり伝える。
  （例えば、雑談をされてしまうと趣旨が分かりにくくなる、誰が発言をしているのかがわからない、1時間を超える長時間の会議だと読み取りと聞き取りの集中力が切れてしまう、など）

2. 自分1人の力ではできないこと

- 聞きやすい場所を最初から指定してしまう

- コピー機を動かす、オープンスペースの配置を変える

- 会議を全て文字情報でわかるようにする

- 会議の長さを変更する   ・ ハキハキと話してもらう

3. 自分の力ではできなくても、依頼すればできそうなこと

- コピー機の近くでは打合せで使わないようにしてもらう
- なるべく会議室を使用してもらう
- 会議のときに議事録者の隣に座らせてもらう
- 事前に共有できる情報や議題を共有してもらう
- ハキハキと分かりやすく話してもらう
- 手を上げてから話してもらう

4. 依頼しても難しいこと(どうしようもないこと)

- コピー機を使わない
- ミーティングをなくす
- 上司の声が聞き取りにくい声、読み取りにくい口形

5. 聞こえとは関係ないこと

- ダラダラと話す人が多い
- 上司の話が長い
- オープンスペースで話すのが習慣になっている

※考えたことを、相談しやすい同僚や上司に伝えてみましょう。

できることと、できないことがはっきりしているので、相談にのりやすくなります。

1章

2章

3章

4章

5章

STEP 14

5章【コミュニケーションについて】

職場でできる工夫②

📖ワーク

困っていることを書き出してみましょう。

対応を書き分けてみましょう。

（1）自分ができそうなこと

（2）自分ではできないこと

（3）依頼できそうなこと

（4）どうしようもないこと

（5）聞こえとは関係ないこと

　　少しでも周囲の協力が得られたときは、些細でもよかったことを全員に伝えることが大切です。周りの人は、自分がしたことが効果があったのかどうか知りたいと思っています。

▶ 難聴に伴う誤解

難聴があると声が大きくなるので（大きい声でないと自声が聞こえないため）、乱暴な印象を持たれてしまいます。言い切りの言い方になってしまい（文末の述語を丁寧な言い方にしたり含みを持たせる言い方が苦手なため）、ぶっきらぼうだとか、愛想がないと思われることもあります。相手に配慮する場面でも、相手を思う気持ちはあっても言葉で配慮を言い表すことが苦手なので（ニュアンスを言葉で伝えるのはとても難しいので）、思いやりがないと思われることがあります。例えば、ケガをした同僚に「ケガして歩けないね」とストレートに言ってしまうのです。「心配してくれてるのね」と周りの人が理解する必要があります。

【編　　著】

南　修司郎〔国立病院機構東京医療センター耳鼻咽喉科　科長〕

【監　　修】

中川　尚志〔九州大学大学院医学研究院耳鼻咽喉科学分野　教授〕

【著　　者】

片岡　祐子〔岡山大学病院　耳鼻咽喉科　講師〕

中川　尚志〔九州大学医学研究院　耳鼻咽喉科　教授〕

野田　哲平〔九州大学大学院医学研究院耳鼻咽喉科学分野　助教〕

平島ユイ子〔福岡国際医療福祉大学　言語聴覚専攻科　教授〕

福島　邦博〔早島クリニック耳鼻咽喉科皮膚科　院長〕

藤吉　昭江〔医療法人さくら会 KIDS*FIRST〕

南　修司郎〔国立病院機構東京医療センター耳鼻咽喉科　科長〕

山本　修子〔国立病院機構東京医療センター臨床研究センター　　研究員〕

【執筆協力・編集】
株式会社デフサポ　代表取締役　牧野友香子

よりよいコミュニケーションのための
聞こえのワークブック［普及版］

令和 5 年 4 月 20 日　初版発行
令和 6 年 3 月 30 日　普及版第 1 刷発行

編　著　**南 修司郎**
発行者　**田村志朗**
発行所　**㈱梓書院**
　　　　福岡県福岡市博多区千代 3-2-1
　　　　TEL092-643-7075

印刷・製本／**泰平印刷㈱**

ISBN978-4-87035-798-3

©2022 Japan Agency for Medical Research and Development. Printed in Japan